eビジネス新書

No

週刊東洋経済

かんぽの闇

保険・投信の落とし穴

週刊東洋経済 eビジネス新書 No.326

かんぽの闇　保険・投信の落とし穴

本書は、東洋経済新報社刊『週刊東洋経済』2019年8月31日号ほかより抜粋、加筆修正のうえ制作しています。情報は底本編集当時のものです。（標準読了時間　100分）

かんぽの闇　保険・投信の落とし穴　目次

かんぽ生命の不適正募集は約18万件にも及ぶ

「郵便局員の制服を着ているだけで高齢者は安心して耳を傾けてくれる。話さえ聞いてもらえればこっちのもんだ」

商品先物会社から転職した郵便局員は周囲にそう漏らしているという。前職では相手に話を聞いてもらうこと自体が難しかったからだ。

この局員はかんぽ生命の保険募集で高い実績を上げ、上司からの信頼も厚い。ほかの局員が営業のコツを尋ねると、「こういうふうに話せば一丁上がり。簡単でしょ? 試してみれば?」と気さくに教えてくれるのだそうだ。

「まるでゲームのようだった」、元局員は現役当時をそう振り返る。「契約獲得は高齢者を騙すゲーム。周囲の局員が血眼になり、感覚がマヒしていくのがわかった。怖くなって郵便局を18年に辞めた」。かんぽで発覚した膨大な数の不適正募集。それは、郵便局が誇る絶大な信用力と悪質な営業の組み合わせで生み出された。

大きな罠が潜んでいるのは「かんぽ」だけではない。外貨建て保険や投資信託などにも落とし穴がある。あなた自身、そして、離れて暮らすあなたの親は大丈夫だろうか。郵便局や金融機関の勧誘で、知らぬ間に騙されているかもしれない。

特別調査委員会が示す日本郵政グループの難題

「この会社は現場に責任を押し付けるが、上の役員様は誰も責任を取らない」

「本社、支社の管理責任をどう考えているのか」

「保険契約を解約されると我々の給与から（過去にもらった募集手当を）引かれるが、社長の給与からは引かれない。今回の騒動の責任を担当者個人に取らせているようなものだ」

「本部の人は責任を感じていない」――。

2019年6月に発覚したかんぽ生命保険の不適正募集を受けて、日本郵便の横山邦男社長は同年8月から対話集会を始めた。冒頭のコメントは、その際に配られた専用用紙やメールで寄せられた社員の「声」だ。本誌が入手した内部資料からは、上層部の責任を問う声がいくつも見て取れる。

だがグループを束ねる日本郵政の長門正貢社長は、悪いのは現場の社員だと考えているようだ。

日本郵政は東京地検の元特捜部長・伊藤鉄男弁護士を委員長とする特別調査委員会を2019年7月に設置。9月末の中間報告を経て、12月18日に調査報告書を提出した。

「事件は現場で起きている」「情報が現場から取締役会まで上がってこなかった」。日本郵政の長門社長は、報告書を受領した当日の会見で、不適正募集の責任は現場の社員にあり、情報が上がってこなかったため、経営陣に責任はないかのような発言を繰り返した。

日本郵政グループのある社員は会見後、お客から「なぜ、おたくの社長さんは山一証券の社長のように『社員は悪くありません』と言えんのかね」と言われた。「長年付き合いのある高齢のお客さんだったので、そう言われて心苦しかった」と胸の内を明かす。

見て見ぬふりは共犯

今回、特別調査委員会が明らかにした、かんぽの不適正募集の実態は惨憺（さんたん）たるものだった。

保険料の2重払い（旧契約を継続したまま、新契約を結ばされる）など、不利益を被る疑いのある契約をした顧客のうち、7割超が60代以上だった。男女比で見ると契約の85%が女性。本誌も含め複数の報道が指摘してきたように、郵便局員に大きな信頼を寄せる全国の〝おばあちゃん〟がだまされている実態が白日の下にさらされた。

委員会の調査で、「不適正募集を自ら行ったことがある」と回答した募集人は「1割以下」。複数の不適正な手法がある中で、被保険者を変更することで1人の契約者に多数の保険契約をさせる「ヒホガエ」が10%と最も多かった。次いで不適正な乗換契約（8%）、不適正な高齢者募集（6%）の順だ。「不適正募集を職場で見聞きしたことがある」と回答したのは「半数程度」だった。

特別調査委員会アドバイザーの出口治明・立命館アジア太平洋大学学長は、見て見ぬ振りをしていた社員を「黙っていることは共犯」と断罪する。これらの数字はあくまでも特別調査委員会が実施した「募集人アンケート」の調査結果であり、回答率は43%と過半に届かない。不適正募集を行っていた社員や見聞きしていた社員が全員回答しているとは限らず、実態はもっと多いとみられる。

法令違反や社内規則違反が疑われる事案は1万2836件。うち募集人が認め、面談が終了したのは6472件。ほぼ同数の6364件は募集人が否認しているため、2020年1月から再調査を予定している。また面談が終了した事案の過半に当たる3985件がまだ「判定中」だ。

つまり、法令違反・社内規則違反が疑われる1万2836件のうち、判定が済んだのは2割（2487件）。まだ1万件以上が再面談・判定待ちの状態にある。

特別調査委員会は20年1〜3月に追加調査を実施し報告書を提出する予定だ。長門社長は会見で「特定事案の18・3万件からしたら法令違反は48件と少ない」と強調したが、最終的な違反の件数は増えそうだ。

■ “狙われていた”のは60代以上の女性

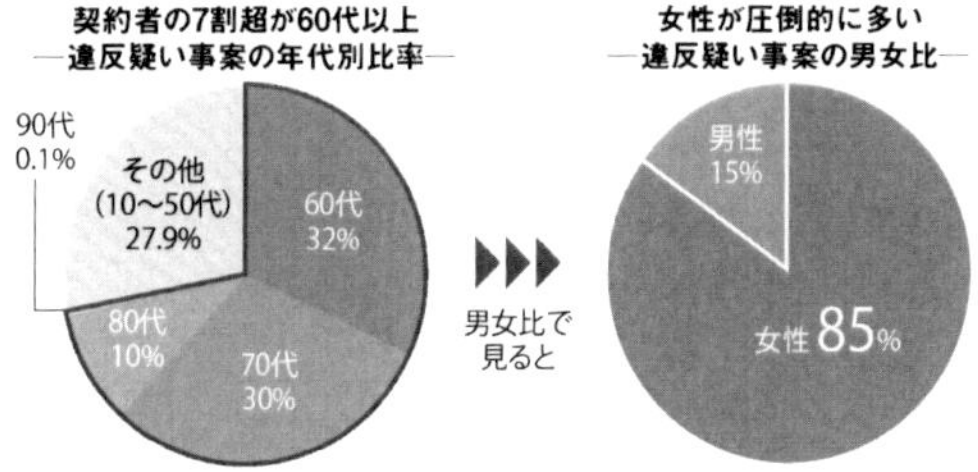

(注)違反疑い事案は、法令違反または社内規則違反の疑いが生じた事案
(出所)特別調査委員会「調査報告書」

■ 不適正募集の調査はまるで終わっていない
―特定事案調査の状況―

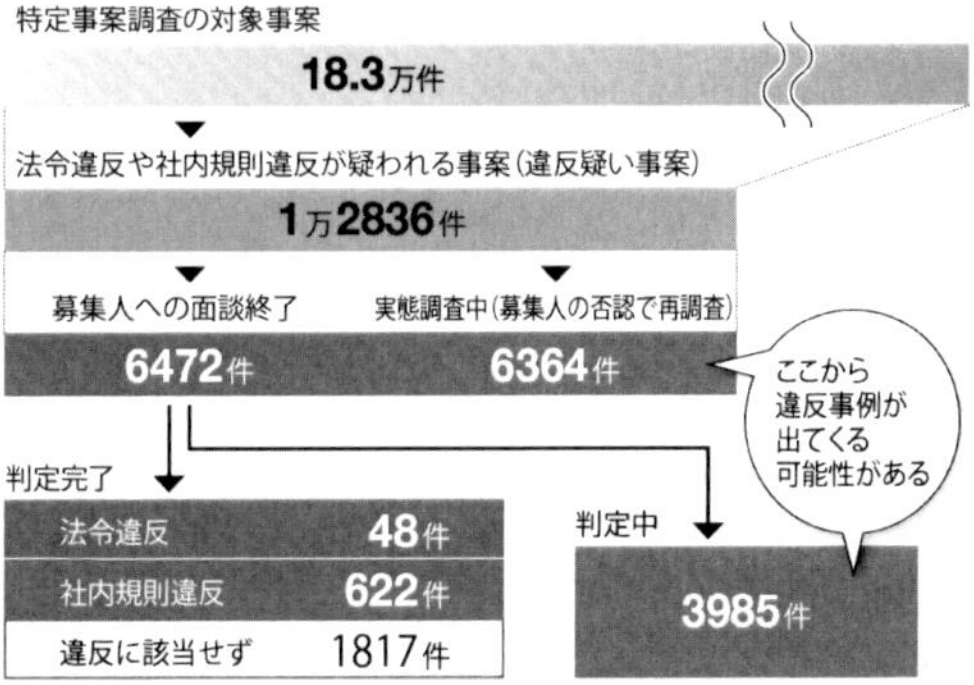

(注)調査状況は2019年12月15日時点　(出所)日本郵政の公表資料を基に本誌作成

「鬼のように議論」

特別調査委員会の報告書には、役員へのヒアリングで得たコメントとして「(日本郵政という) ホールディング・カンパニーの取締役として、どのようなガバナンスとするかは真剣に議論して決めなければならないと思う」という意見が記載されている。

裏を返せば、日本郵政の経営陣はガバナンスのあり方についてろくに議論していないということだ。19年12月18日の会見で、「これが事実ならたいへんなことだが」と質問された長門社長は、「ガバナンスについては鬼のように議論している」と反論した。このやり取りを聞いた特別調査委員会の関係者は、「長門社長はなぜこんなおかしな回答をしたのか」と首をかしげる。

特別調査委員会は、日本郵政の取締役全員にヒアリングを行った。その中には、社外取締役の三村明夫・日本商工会議所会頭など財界の大物も含まれる。そして、複数の社外取締役が日本郵政のガバナンスに問題があったと口にしている。

例えば、今回の問題について、「(経営陣の中には) 持ち株会社として管理すべきだったと言う人もいれば、持ち株会社はそういう役割ではないという考え方の人もいる。（少なくとも）日本郵政のミッションが定まっていない」と証言する社外取締役もいたという。

報告書にも、「（日本郵政としての）ミッションが定まっていない」「取締役会の役割については、はっきりしないまま現在に至っている」という役員の声がある。会見で「リーダーシップを発揮できていないのではないか」と問われた長門社長は、「報告書を拝読しておらないのでわからない」と言うだけだった。

不適正募集を受けて、特別調査委員会は次のような6つの改善提言を行った。

①募集状況の録音・録画
②契約チェックシステムの強化
③人事評価体系の見直し
④不正に対する処分の徹底
⑤専用通報制度の設置
⑥第三者検証機関によるモニタリング

この中で目玉は「募集状況の録音・録画」「専用通報制度の設置」「第三者検証機関によるモニタリング」の3つだ。報告書には明記されていないが、顧客情報の一元管理システムの構築も重要な課題だ。

日本郵政グループには、1人の顧客がゆうちょ銀行の投資信託をどれだけ購入しているか、かんぽ生命の保険に入っているかどうかなど、顧客情報を一元管理する仕組みがなかった。

このため、保険募集人は保険契約の成績を伸ばそうとし、ゆうちょ銀行の担当者は投信の販売実績を伸ばそうとし、顧客ニーズに合った営業ができていないケースがあった、というのが特別調査委員会の見立てだ。

顧客情報の一元管理システムを構築し、募集時に録音・録画を行うようにすれば、不適正募集はほとんど根絶できるという見方も特別調査委員会の中にはある。

「専用通報制度」は、保険募集のコンプライアンスのみをチェックする通報制度を想定している。これまでも内部通報制度はあったが、過去5年でかんぽ関連はなかった。ある社員はこの理由について、「民営化前、日本郵政には逮捕権を持つ郵政監察が存在した。手錠を携行し郵便局員に恐れられていた。主な関心事は横領。民営化後、廃止が検討されたが内部統制の大義名分でコンプライアンス室に郵政監察の人員が吸収された。不適正募集をコンプライアンス室に通報しても、よほどの大事件でもない限り、相手にされない」と説明する。

こうした内部通報制度の形骸化を受けて、不適正募集の通報窓口を設けるのが狙いだ。「第三者検証機関によるモニタリング」は、改善度合いを検証する仕組み。報告書には、不適正募集を受けて過去に多数の施策が示されたものの、実行されなかったり、先延ばしされたり、効果の検証もせずに立ち消えになったものがあったと指摘している。今回は半年に一度の検証を行うことを想定している。

3年で変われるのか

これらの改善策の実施は3年後をメドに完了する見通しだ。特別調査委員会では「5年はかかる」という意見が多かったという。録音・録画の現場への導入は、日本郵政グループ労働組合（JP労組）との折衝だけでも2年はかかるとみているからだが、日本郵政は「3年でやらないと意味がない」とした。アドバイザーの出口氏も「3年でなければ緊張感が生まれない」と助言したそうだ。

ところが、調査報告書が提出された直後、今度は別の不祥事が発覚した。総務省の事務次官が日本郵政の鈴木康雄上級副社長に、処分内容の検討状況を伝えていたのだ。鈴木副社長は元総務事務次官。そうしたやり取りを副社長が「当然」と思っていたのであれば、ガバナンス不在だ。

日本郵政グループは変われるのか。ガバナンスや第三者委員会に詳しい郷原信郎弁護士は、「特別調査委員会のアドバイザーには、日本郵政の歴史的な経緯に詳しい人物も入れるべきだった。報告書は一般の民間生保会社の視点で書かれているが、日本郵政の特殊性を踏まえないと改善策は絵に描いた餅になる可能性がある。（誰の言うことを聞くべきかわからず）営業現場は立ち往生するのではないか」と危惧する。

郷原氏は、調査報告書にNHKが2018年4月にかんぽ問題を放送した後、日本郵政側が行った対応の評価がないことも問題視する。これは、日本郵政の鈴木副社長がＮＨＫ経営委員会に抗議して圧力をかけた問題だ。「(抗議について)トップの対応への評価や責任が書かれていない。経営者の責任に関することは調査から除外されているように見える」(郷原氏)。

日本郵政の元幹部は「今回の報告書で欠けているのは、現場の声を吸い上げる仕組みの構築だ」と指摘する。冒頭の内部資料にこんな記載がある。かつて、ある郵便局長は局長会の場で、「当県は毎年５０００人超の人口が減っているが、保険の目標額は毎年上がっている。国勢調査から地域の世帯数や人口を考慮して目標額を設定しているか」と聞いた。すると支社の担当者は「社員1人当たりの目標額が決まっているので、いちいち国勢調査など見ていない」と切って捨てた。

この局長は「こんなやり方ではいずれ行き詰まる。新たなビジネスモデルを構築しないとロクなことにならない」と痛感した。数年後、懸念は現実になった。

行政処分を受けて、グループ3トップの辞任(注①)で幕引きを図ろうとしているが、それで組織の体質が一変するものではない。現役の郵便局員は「会社がウミを出し切るつもりならば、トップの辞任だけでは無意味。悪質な営業を半ば容認してきた本社や支社の幹部一掃こそが必要だ」と話す。ガバナンスや事業モデルの再構築など、日本郵政グループには難題が山積している。

（山田雄一郎）

（『週刊東洋経済』2020年1月11日号）

（注①）日本郵政グループ3社の社長は、かんぽ生命の不適正募集の問題を受け、2020年1月5日、日本郵政グループの長門正貢社長、かんぽ生命の植平光彦社長、日本郵便の横山邦男社長の3氏は引責辞任。後任には、日本郵政グループ社長に増田寛也元総務相、かんぽ生命社長には千田哲也かんぽ生命副社長、日本郵便社長には衣川和秀日本郵政専務執行役がそれぞれ就任した。（本誌では、取材・執筆時の役職名を使用しています。）

INTERVIEW

改善状況をチェックする第三者機関が必要だ

特別調査委員会アドバイザー・出口治明

僕がいちばん驚いたのは、日本郵政の経営陣がグループのビジョン（将来像）を今までに検討したフシが見えないことだった。

コーポレートガバナンスはチェック・アンド・バランス（権力の抑制・均衡）ばかりが問われがちだが、それは本質ではない。明確なビジョンを示したり、ビジネスモデルを構築したりするのが大前提だ。当たり前のことを日本郵政の経営陣は真剣に行ってきたのだろうか。

将来のビジネスモデルが描けていない中で、つじつま合わせのような事態収拾を行っているように見える。かんぽ生命保険やゆうちょ銀行からの手数料というミルク補給なしに、日本郵便がやっていけるビジネスモデルを構築しなければ、郵政グループ全体がおかしくなる。

日本郵政はコンプライアンスを「法令順守」と捉えているようだが、僕は昔からそうではないと思っている。コンプライアンスは「法に触れなければいい」ということではなく、組織内の行動がすべて外に出ても恥じるところがないことだ。人に知られて恥ずかしいことは、言っても、やってもいけない。

営業現場の録音・録画は、証拠を集めて社員を責めるためではない。誰に知られても恥ずかしくない営業を行うように仕向けるための1つの工夫だ。

情報漏洩は恥ずべき行為だ

鈴木茂樹・総務事務次官から、行政処分の議論の内容が日本郵政の鈴木康雄・上級副社長に漏れていた（注②）。これは他人に知られて恥ずかしくない行為だろうか。僕は職業人としての倫理を疑う。裁判官が判決を言い渡す前に量刑を被告に漏らすだろうか。そう考えたら、事態の異常さがわかるのではないか。
郵便制度は国民の重要なインフラだ。日本郵政には今回の事件をきっかけに立ち直ってほしい。そのためには改善状況をチェックする第三者機関の設置が不可欠だと考える。

出口治明（でぐち・はるあき）
1948年生まれ。2006年ライフネット生命保険を設立（12年上場）。18年1月から立命館アジア太平洋大学学長。

（注②）鈴木茂樹総務事務次官に対し、総務省は19年12月20日で停職3カ月の懲戒処分にしたと発表。鈴木次官は同日付けで辞職。また、鈴木康雄・上級副社長は、2020年1月5日付けで辞任した。

（『週刊東洋経済』2020年1月11日号）

「全特」と天下りの板挟み　日本郵便の危うい統治

かんぽの不適正募集で揺れる日本郵政グループ。問題が公になった2019年6月下旬、日本郵便は郵便局を鼓舞する文書を全国に発した。文書は、横山邦男社長名ではなく、大澤誠副社長名だった。

日本郵政グループのコーポレート・ガバナンス（企業統治）は複雑で、郵便局の一大事に発した「大澤名」の文書はその表れだ。

最大の特徴は集票力

大澤副社長は「全特」の元会長。全特の元会長が日本郵便の副社長にまで出世したのは大澤氏が初めてだ。全特とは、1953年設立の旧全国特定郵便局長会（現在の全国郵便局長会）のことで、約1・9万人の中小郵便局長が入会している。「全特」の呼称は今も生きており、ホームページでは「全国郵便局長会（全特）」と表記し、年4回刊の広報誌は「広報ZENTOKU」だ。

全特は任意団体であり、会則には「郵政事業及び地域社会の発展に寄与するとともに会員の勤務条件の向上を図ること」とある。だが、その最大の特徴はその集票力である。多くの局員は「政治結社だ」と口をそろえる。

例えば、2019年7月に行われた参議院議員選挙。柘植芳文氏は60万票を集め、自民党の全国比例区得票数1位で当選した（新たに導入された特定枠を除く）。その柘植氏を支持していたのが全特だ。

「選挙のある年は自腹で年賀状を200枚買い、推薦候補に投票してくれそうな人に年賀状を送る」「局長は100人、局長の配偶者は30人がノルマ」「選挙のある年はかんぽの営業成績よりも集票を優先するように言われる。作業は休日返上」――これらはいずれも集票作業を手伝っている郵便局員の生の声だ。

「民営化前は局長ではなく、配偶者が票集めをやっていた。局長は国家公務員なので票集めができなかったからだ。それが民営化で局長もできるようになった。今では勤務中に票集めをしているが、誰もとがめない」（ある局員）

投票してくれる人を見つけたら期日前投票をお願いする。その人には「投票済証明書」をもらってくるように伝えている。全特はその枚数でノルマの達成度合いを測っているという。

全特にある「夫人会」の存在も無視できない。表向きは局長を支える配偶者の親睦会だが、実際は「選挙活動の電話作戦に駆り出される選挙のための組織」（別の局員）といわれる。また、日本郵便での局長への昇進面接で、「配偶者が選挙活動をする余裕があるか」と露骨に聞かれた人もいる。

支社長人事にも全特が影響力を持つという。2016年に就任した支社長は同地域の各県全特幹部へあいさつに出向かなかった。するとこの支社長は全特からの反発を受けて、1年で更迭された。

お金の面から日本郵便と全特の構図も見て取れる。日本郵便は多くの局舎（郵便局）

を中小の郵便局長から借りている。日本郵政の有価証券報告書（19年3月期）によると、全国1万5305局に計594億円の賃借料を払っている。1局平均で年間388万円。大半の中小の郵便局長は給料とは別に、家主として日本郵便から賃貸料を得ている。

一方、中小の局長は全特に会費を払っている。関係者によれば月3万～5万円とされ、「ボーナス月の会費は割り増しとなる」（ある郵便局員）。部会など全特の下部組織に払う会費もあるという。

最大の使命は局数維持

郵政問題に詳しい田尻嗣夫・東京国際大学名誉教授は、「全特の最大のミッションは2・4万局の郵便局数の維持だ」と話す。

ただ、少子高齢化で人口が減る中で郵便局数を維持すれば、日本郵便の効率性がさらに低下しかねない。例えば夕張市。19年10月末の人口は7813人、ピーク時の15分の1弱だが、郵便局の数は財政破綻直前の13局のままだ。「こうした非効率なことが全国に山ほどある」（田尻氏）。

民営化した以上、日本郵便は株主のために不採算局を統合・廃止するなどして経営効率を改善することが喫緊の課題だが、全特に配慮して局数を減らせずにいる。

「郵政公社時代、生田正治総裁が全国各局の損益把握に着手したところ全特が猛反発した。生田氏は民営化後の初代社長に横滑りできなかった」（日本郵便幹部）

票田である全特に与党・自民党が気を使っている面もあるという。「（局窓口で受け入れが増やせる）郵便貯金の上限引き上げは政治家の全特対策。今の金利情勢では、預かれば預かるほど（ゆうちょ銀行の）経営を圧迫するのに、全特を喜ばすためならそんなことはお構いなしだ」（田尻氏）。

一方で、日本郵便の取締役には監督官庁である総務省（旧郵政省）からの天下りが存在する。大見得を切りたがるというのが横山社長の定評だが、全特出身者と官僚OBの混成チームで、かんぽ問題からの立て直しにどれだけ手腕を発揮できるのかは疑問だ。

状況は親会社・日本郵政の長門貢社長も同じだ。かんぽ問題を「クローズアップ現代プラス」で報じたNHKに対する抗議について、9月の会見で、「圧力をかけることを誰が決めたのか」と記者に質問されて「当社は誰が、ということはない」と返答。「自分だとは言えないのか」「無責任ではないか」と局員らは憤り、失望した。

郷原信郎弁護士は「政治力を有する全特による事実上の支配が日本郵政のガバナンスを特異なものにしている。民営化を徹底するのであれば、不採算局の統廃合や郵便局員の人員整理が当然の帰結だ。それを制約するのであれば法的根拠を明確にする必要がある」と指摘する。

ある局員は「民営化前は（総務省の）事務次官を頂点としたヒエラルキーであり、ガバナンスがわかりやすかった」と述懐する。

「不祥事を起こした子会社にお灸を据えるべきなのに、持ち株会社が一緒になって弁解している」（田尻氏）ようではガバナンスが機能しているとはいえない。日本郵政グループの今後には危うさが漂う。

（山田雄一郎）

（『週刊東洋経済』2019年12月14日号）

（注）これ以降の記事は、『週刊東洋経済』2019年8月31日号を底本としたものです。

「全特」や総務省が日本郵便のガバナンスに影響力

—日本郵便とグループ会社、全特などの関係—

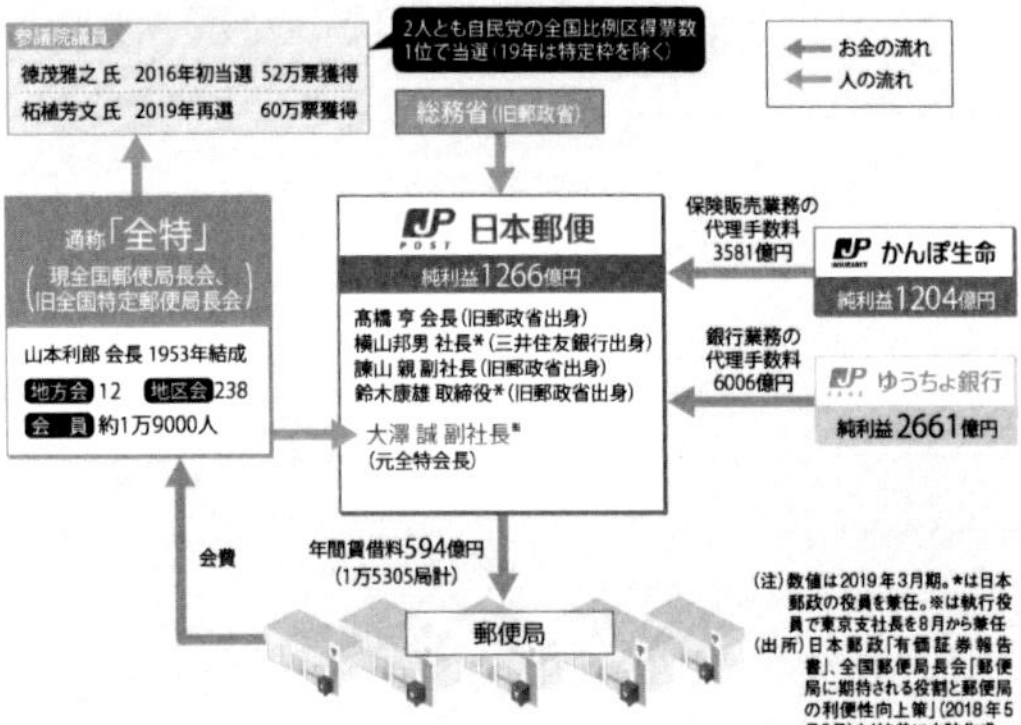

(注)数値は2019年3月期。*は日本郵政の役員を兼任。※は執行役員で東京支社長を8月から兼任
(出所)日本郵政「有価証券報告書」、全国郵便局長会「郵便局に期待される役割と郵便局の利便性向上策」(2018年5月9日)などを基に本誌作成

日本郵政　政府保有の株式売り出しに暗雲

不適正募集が問題となっている日本郵便は、かんぽ生命やゆうちょ銀行からの委託を受けて、保険商品・投資信託・定額貯金の契約獲得業務を行っている。

この業務で日本郵便は巨額の手数料収入を得ている。2018年度はかんぽから3581億円の生命保険代理業務手数料、ゆうちょから6006億円の銀行代理業務手数料を受け取った。合計額は、日本郵便の売り上げに相当する経常収益の約4分の1を占める。

ある郵便局員は「郵政グループの主要3子会社は日本郵便が兄貴分、かんぽやゆうちょは弟分。兄貴が赤字にならないために弟が支えるのは当然」と解説する。郵便事業の維持・発展こそが最優先であり、かんぽやゆうちょにそれをきちんとサポートしてもらうという考え方は日本郵便内で根強くある。

全国に約2・4万局（19年7月末）の郵便局を展開する日本郵便は、日本郵政の100％子会社で非上場会社だ。その日本郵政と、グループ会社のゆうちょとかんぽは2015年に上場した。つまり、親子上場をしており、3社は少数株主に配慮した経営が求められる。

日本郵政の株式の過半を握るのは日本政府。郵政民営化法で、政府は日本郵政株の売却を進めるものの、3分の1超は保有し続けることになっている。

一方、日本郵政は、ゆうちょ株やかんぽ株についてできるだけ早期に「全部を処分（売却）することを目指す」と規定されている。

これに従って、日本郵政は19年4月にかんぽ株の売却を実施（出資比率は89％から64・5％に低下）した。そして政府は同月、日本郵政株の第3次売り出しを行うと発表。5月末に国内外6社の主幹事証券選定を公表し、9月にも売却を実施するとみられていた。

ところが、かんぽ問題が噴出したことで、政府が保有する株式の売却は困難な情勢となった。年初に1300円台だった日本郵政の株価は、8月中旬には1000円を割り込んでいる。復興財源に充当する予定だが、売却を強行しても、政府の実入りはかんぽ問題の前よりも確実に少なくなりそうだ。

それ以前に、日本郵政による4月のかんぽ株売却に疑念が生じている。日本郵政の経営陣が、不適切な乗り換え契約が膨大にあると知りながら、投資家に情報開示をせずに株売却を行ったのではないかという疑いだ。

■日本郵便が銀行、保険業務の一翼を担う
—日本郵政グループの資本、業務委託の関係—

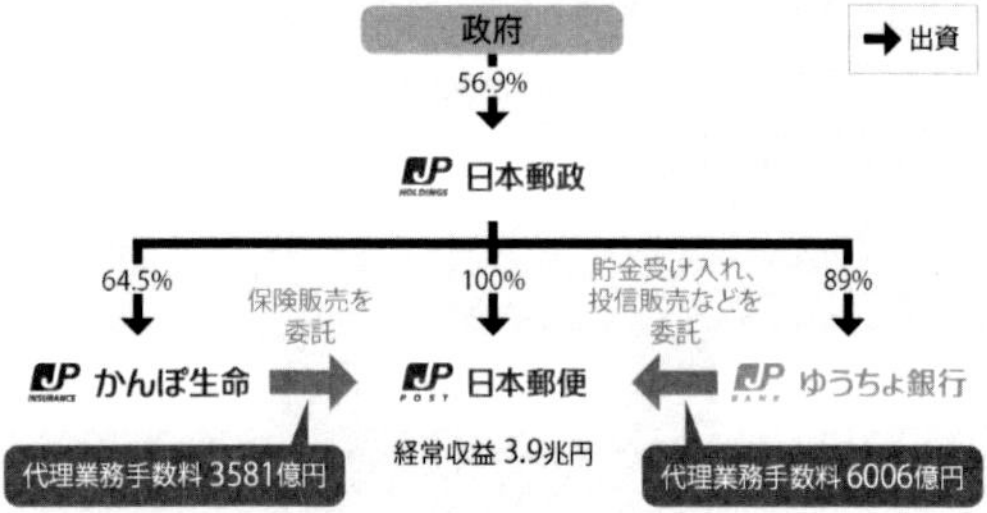

(注)経常収益や代理業務手数料は2018年度の実績。出資比率は直近時点
(出所)日本郵政グループのIR資料を基に本誌作成

「冗談ではない」と反論

2019年7月、郵政民営化委員会の岩田一政委員長は、「（不祥事案は）速やかに公表すべきだった」と日本郵政の対応を問題視。日本取引所グループの清田瞭CEOは、「かんぽ株の（売却について）調査を開始する」と明言している。

これを受けて、日本郵政の長門正貢社長は7月末の記者会見で、今回の問題を経営陣が認識したのは直近であることを強調し、「（疑われるのは）冗談ではない」と言い放った。

経営陣がいつ頃問題を把握したのかは重要なポイントだが、7月に設置された第三者委員会の調査対象になるのかは予断を許さない。少なくとも、かんぽ問題が郵政民営化のスピードを弱めることになるのは間違いなさそうだ。

かんぽ生命　問題営業の深すぎる病巣

うだるような暑さが続いていた8月上旬、〝事件〟は東海支社の管轄で発生した。愛知県の郵便局員が5000円の商品券を持参し「かんぽ生命保険の調査があったら、保険料の二重払いのことは黙っておいてほしい」と顧客に口止めを依頼したというのだ。

かんぽと日本郵便は8月5日から全契約者約2000万人（件数で約3000万件）に調査書類を送付している。この全件調査の先回りをしたのが冒頭の局員だが、もはやその場しのぎでもみ消せる状況ではない。

動機は手当の荒稼ぎ

郵便局員によるかんぽの不適正募集は18万件強。6月末の問題発覚から1カ月で2倍になった。顧客に不利益な変更があったと疑われる契約は大きく5つに分類される。日本郵政の長門正貢社長や日本郵便の横山邦男社長は、一連の問題を受けた7月31日の記者会見で「積極的な営業は控えている」と何度も強調した。だが、それも疑わしい。

内部のデータによると、7月下旬は1日で500件近いかんぽの保険契約があった。8月に入るといったん減ったものの、中旬に再び500件近くに増えている。このデータを見たある郵便局員は、「そもそも土日に契約実績が上がっていることこそ、『積極的』な証拠」と指摘する。

「会社は『ちょうど満期の客がいて土日に呼ばれた』とでも言い逃れをするのだろう。だが、少しでも現場を知っていればそんなことは言えないはずだ。かんぽは商品性で他社に大きく劣り、満期を迎えたからといって、すんなりと新たに成約となるものではない。局員が一生懸命勧めてようやく加入してもらえる。だから休日出勤をしてまで契約している、そのこと自体が積極的な営業になるのではないか」(前出の局員)

保険料の二重払いや無保険状態など、今回発覚した不適正募集は主に「乗り換え潜脱」の副産物だ。

乗り換え潜脱は、保険契約の乗り換えを新規契約に見せかけるために行う。かんぽは既存契約を解約したタイミングによって、乗り換え後の契約を新規扱いにしている。これに伴って局員に支払われる募集手当は単純な乗り換えの2倍。「乗り換え潜脱の動機はカネ（手当）。顧客本位に考えない、募集人都合の行為だ」（ある局員）。

問題は乗り換え潜脱に限らない。より悪質な営業の実態も徐々にだが浮き彫りになりつつある。

今回のかんぽ問題の勃発を契機に「高齢の親が数十件加入させられていた」という悪質な事例が報道され始めている。

本誌で取材した23件を契約させられていた事例では、親族の元を訪れたかんぽお客さま相談室の職員が、「一度に何件も保険契約に入ってくれたとするでしょ。そうすると、郵便局員は数字が足りなくなったら（ノルマ達成が難しくなったら）、またそこへ行くんですよ」などと口にしている。

■ 18万件強に膨らんだ不適切募集 ―不利益変更が疑われる5類型―

分類	件数	調査内容
①二重払い	7.0万件	旧契約の解約前に新契約を結び、半年以上の二重払いをさせていた
②不要な乗り換え	2.5万件	特約の切り替えなどで対応できたのに、新契約に乗り換えさせた
③予定利率の低下	2.0万件	保障内容に変わりがないのに、予定利率の低い新契約に乗り換えさせた
④新規契約の拒否	1.9万件	旧契約の解約後、新契約の申し込みを病気などを理由に拒否した
⑤保険金の支払い拒否	0.3万件	既往症などの告知義務違反で新契約での保険金支払いを拒否した
無保険状態	4.6万件	旧契約と新契約との間に無保険状態の期間があった

(注)件数は2019年3月以前の過去5年分。無保険状態の案件は不利益が確認されていないとして調査対象外だが、契約状況の確認は行う　(出所)日本郵政グループの公表資料を基に本誌作成

■ 成約数は会見前の水準に ―日次の保険契約件数と金額―

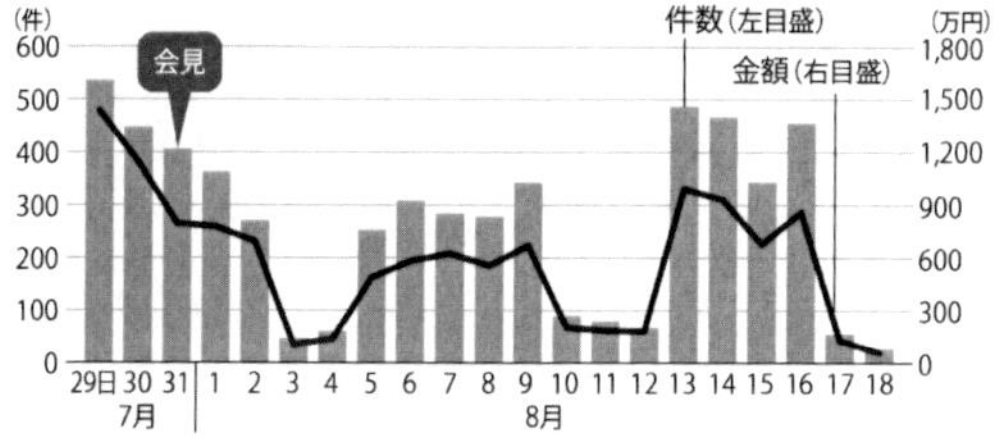

(出所)内部資料を基に本誌作成

優績者たちの仕業

かんぽの保険販売を代行している郵便局員は全国に約1・5万人おり、成績上位者を「優績者」、下位者を「成長期待社員」と呼んでいる。

前者は保険販売の個人ノルマを悠々突破し、局全体、支社全体のノルマ達成に貢献。支社長や局長、部長にとってありがたい戦力だ。募集手当を多く稼ぎ、年収1000万円を超える社員も少なくない。

一方、成長期待社員はノルマを達成できず、支社長や局長、部長にとってはお荷物的存在。社歴にもよるが年収は300万～500万円程度だ。営業実績が振るわなければ月に1回はかんぽや日本郵便の研修に行かされ、その分だけ営業をする時間が削られるため、思うように成績が上がらない。

だが、優績者と成長期待社員の力関係が今、大きく変わろうとしている。二重払いや不要な乗り換えなどの不適正募集をしていた者の多くは、どうやら実績を上げてきた優績者たちであることがわかってきつつあるからだ。

「悪質な営業はカネ（手当）に目がくらんだ優績者たちの仕業だ。彼らの多くは不適切な募集を繰り返すうちに感覚がマヒしていく。だが、地道にやっている社員のほうが多い。それを一緒くたにして、『郵便局員が悪質な営業をしてきた』と言われるのは心外だ」とある局員は憤る。

今回の問題を受けて、優績者に頼ってきた支社長や局長、部長など幹部の中には、「常日頃、コンプライアンスは大事だと言ってきた」と、自己保身とも取れる言動をし始めた者もいるという。

別の現役局員は、「会社がウミを出し切るつもりならば、グループのトップが辞任するだけでは無意味。悪質な営業を半ば容認してきた幹部の一掃こそが必要だ」と話す。営業現場の暴走を看過したかんぽの闇は果てしなく深い。

（山田雄一郎）

「損はさせんから」「名前だけ貸しとくれ」……

あの手この手で　独り暮らしの親が狙われる

女手一つで子どもを育て、子どもが巣立った後は山あいの小さな町で個人商店を切り盛りしていた。シズヱさん（仮名・89）の元に2人の郵便局員が通ってくるようになったのは、少なくとも30年以上も前だという。

「郵便局の保険に入ってくれんか」「自分たちには割り当てがあるけん、入ってくれ」「損はさせんから」

訪ねてきた局員は店先でそんな話をする。「割り当て」とはどうやら営業ノルマのことらしかった。何度も断ったが、昼過ぎくらいに来て暗くなるまで帰らない日もあった。

根負けして、「入る」と言うと、いつのまにか保険に加入させられていた。シズヱさんにはサインをした覚えも、印鑑を押した覚えもない。「変だな」とは感じたが、「郵便局の保険いうたら儲かるんじゃろ」と気にもしなかった。

そんなことを繰り返しているうちに、あるときから局員は「シズヱさん、あんたの枠はいっぱいになったけん、子どもさんでもお孫さんでもいいけん、入っといてくれ」と言うようになった。

シズヱさんが「何で子どもや孫を入れんといかん？」と聞くと、局員はまた「割当てがあるけん」と答える。

「子どもや孫に確認せんと」と話すと、「言わんでいい、言わんでいい。名前だけ貸しとくれ」。局員には「いつでも解約できるけん」とも言われた。

子どもや孫の印鑑はたしか、局員が持ってきた。

以上は娘の咲子さん（仮名）夫婦がシズヱさんから聞き取った話である。

「お金の流れがおかしい」

「シズヱさんのお金の流れがおかしい」「認知症かもしれん。一度帰ってきてもらって、病院に連れていってくれんか」

地元の警察や地域包括支援センターの人から咲子さんのところにそんな連絡があったのは、2014年のことだった。

母を地元の病院に連れていくと、中程度のアルツハイマー型認知症だと診断された。医師はCTスキャンの画像を見ながら、「前頭葉の収縮度合いからして10年くらい前から様子がおかしかったのでは」と、咲子さんに告げた。

「2004年夏頃から封筒の宛名を書くことが困難となっており、少なくとも同時期にはアルツハイマー型認知症を発症していたと考えられる」。医師は診断書にそう書いた。

実家に帰ると、咲子さんはポーチを見つける。あふれんばかりのかんぽ生命の保険証書や契約書がびっしりと詰まっていた。

「いつも来ている郵便局員に聞いたら、もみ消されるかもしれん」。とっさにそう思い、別の郵便局に足を運んで、局長に見てもらった。

「咲子さん、これ、保険が23本もありますよ」。局長はびっくりした様子で言った。次の言葉に咲子さんが面食らった。

「咲子さんが契約した保険も6本あるね。契約したのを覚えていますか？」

「私が？　契約した覚えはないよ。だって、大人になってからは母とは別々に暮らしてきたもん」

咲子さんの保険の契約者名はなぜか旧姓、住所は母親の個人商店と同じになっていた。シズヱさんの店は2階建てで1階が店舗、2階は倉庫代わり。咲子さんが夫婦で寝起きするスペースなどない。

「私は郵便局員に契約書を偽造されたんだ」。咲子さんは悟った。

似ても似つかぬサイン

契約の経緯を確かめようと、咲子さんがかんぽに問い合わせると、シズヱさんが認知症であることを理由に、「成年後見人を立てなければ対応しない」と言う。

そこで弁護士の成年後見人を立てると、保険証書など重要書類の原本はすべて後見人に渡された。咲子さんが確認できたのはコピーしたものだが、契約書には母親の字とは似ても似つかぬサインがあった。

後見人を介したかんぽへの開示請求で確認できた契約は23本中20本。1本目が1987年2月で母は当時56歳。20本目は25年後の12年12月。当初は契約者も被保険者も母で、途中から娘、息子、孫の名前が出てくる。

また、開示された書類の中には、「総務大臣殿」と書かれた委任状が何枚もあった。咲子さんがシズヱさんに保険の申し込み代行を委任するという内容だが、咲子さんがサインした覚えはない。

1994年に咲子さんが契約したことになっている息子さんの学資保険。かんぽの記録では、息子さんがシズヱさんの住んでいた地元の郵便局に来て、学資祝金5万円を受け取ったことになっている。

咲子さんが息子に聞くと「郵便局なんて行ったことすらねえわ」と言う。祝金の行方は不明だ。

貸し付けと弁済の記録がびっしり書かれている保険証書も見つかった。保険証書貸し付けのようだ。

例えば1999年2月に加入した保険は、2004年10月から07年12月にかけて、24万円の借り入れと返済を3回繰り返している。利子は年3％、合計2・5万円弱の利子を払っている。これを含めて12年まで計8回、シズヱさんは貸し付けを受けたことになっている。

なぜこれほど頻繁に借り入れや返済を繰り返していたのか。

咲子さんが「保険でお金を借りられるのは知ってた？」と聞くと、シズヱさんは「知っとった、知っとった」。「じゃあ、郵便局からお金を借りたことは覚えてる？」と聞くと、シズヱさんは「覚えてない」と言う。

満期保険金、解約返戻金の受け渡しは窓口での手渡しだった。だが、受領書のないものが、咲子さんの夫が数えただけでも805万円ある。「本当に母にきちんと渡してくれたんだろうか」――。咲子さんの疑念は晴れない。

■ 20年以上、毎年のように契約していた
—シズヱさんと咲子さんが契約者となっていた保険—

	保険契約時期	保険の種類	総支払保険料	契約者	被保険者
1	1987年2月	養老	143万円	母親	母親
2	89年7月	定期	95万円	母親	母親
3	90年10月	定期	59万円	母親	母親
4	91年7月	特養	295万円	母親	息子
5	92年9月	定期	89万円	母親	母親
6	93年9月	養老	274万円	母親	母親
7	94年1月	学資	123万円	娘	孫(娘の長男)
8	8月	学資	179万円	娘	孫(娘の三男)
9	11月	養老	202万円	母親	母親
10	95年6月	養老	—	娘	孫(娘の三男)
11	7月	養老	308万円	母親	孫(娘の長男)
12	97年2月	養老	114万円	母親	孫(息子の長男)
13	7月	特養	129万円	母親	孫(娘の次男)
14	98年2月	養老	125万円	母親	母親
15	2月	養老	125万円	母親	母親
16	3月	養老	192万円	娘	孫(娘の長男)
17	99年2月	特養	127万円	娘	孫(娘の次男)
18	2006年7月	特養	102万円	母親	孫(娘の長男)
19	07年6月	特養	38万円	母親	孫(娘の次男)
20	12年12月	特養	—	母親	孫(娘の次男)

(注)「—」は不明。養老は養老保険、定期は定期保険、特養は特別養老保険、学資は学資保険。残る3本は開示請求中　(出所)取材を基に本誌作成

2月3日、2月18日にまったく同じ種類の養老保険を契約

かんぽ職員が驚きの暴露

2016年2月。咲子さんの要請を受けて、かんぽのお客さま相談室の男性職員2人が訪ねてきた。

「女房の名義で、何も知らされずに契約させられていた。これでは何かあったときに保険金の申請すらできない。おかしいじゃないか」

咲子さんの夫が尋ねると、相談室の男性は「郵便局は昔から1世帯1契約という感覚で、『娘さんの名前を書きましょう』という（局員からの）申し出が実を言うとたくさんあるんですね」と平然と口にして、こう付け加えた。

「今になってそれがいいのかといえば、いいわけないですよ、全然よくない」

「いい悪いではなく、それで誰が得をするんですか」（咲子さんの夫）

「（募集手当が稼げる）郵便局員が得をするんですよ」（男性職員）

この後、「これだけの本数があること自体、自然じゃないですよね」「（保険の失効後すぐに別の保険を勧めるのは）道義的な問題がありますよね」「もしかしたら局員が不正をしている可能性も大いにある」などと、男性職員らは面談の前半、被害者に同調するかのような発言を繰り返した。

ところが時間が経つにつれ、男性職員らは自分たちを正当化するようなことを話し出した。

「シズヱさんが契約した当時は、高齢者に対する家族の同席義務という規定はなかったんですよ」「かんぽは契約者と被保険者が違うことがすごく多い。それはかんぽに加入限度枠があるからで、被保険者を変えれば契約が取れる。そういう取り方をしている」などと、悪びれもせずに内情を語った。

男性職員らの話はさらにエスカレートしていった。

「一度に何件も保険契約に入ってくれたとするでしょ。そうすると、郵便局員は数字が足りなくなったら（ノルマ達成が難しくなったら）またそこに行くんですよ」

「要するに郵便局のファンクラブの人のように思うわけ。頼んだらやってくれる（＝契約してくれる）人だと。（契約者に）お金があろうがなかろうが、数字が足りなくなったらそこに行く」

シズヱさんがあたかも郵便局のファンクラブ会員であるかのような口ぶりだった。

「りんごを食べた」

咲子さんは男性職員が言った「りんご」の話がいまだに忘れられない。

「無理やり買わされたかもしれないけど、〝りんご〟をそこで食べ始めちゃっている。保険というのはそういうものなんですね。入った途端に保障というものが始まっている」

偽造契約だろうが、保険に加入していたことを知らなかろうが、保障という「りんご」を食べていたんだという理屈である。

「だから失礼な話、万が一、死亡事故があったら、保険金を全額お支払いしていたという〝事実〟があるんです。『私、食べていないから返すわよ』と言われても、『申し訳ございません、みんな食べていただいていたんですよ』ということに客観的になることは理解しておいてください」

これは暴論というほかない。シズヱさんや咲子さんのケースは、契約書偽造をはじめとして不適正募集のオンパレードだ。認知能力が低下した人との契約は保険でなくても無効である。

14年に認知症とわかったことで、咲子さん夫婦は遠方に住んでいたシズヱさんを自宅に引き取った。そのとき、シズヱさんの所持金はわずか18円だった。

現在でもシズヱさんには強引な郵便局員の記憶がこびりついている。寝ていると、「私、何の悪いことをしたの？」「払いきれんよ」とうなされる。「人さし指でバツ印を作り、『いないって言って！』と夜中に必死に訴えたこともある」（咲子さん）。

高齢者が数十件の保険に加入させられていた例はほかにもある。かんぽ問題が発覚した6月下旬以降に、青森県や山形県の例をテレビや全国紙が次々と報じている。かんぽ被害者の多くが独り暮らしの高齢者である。そのことを考えると、より悪質な事例が発覚するのはまさにこれからなのかもしれない。

「ゆるキャラ」「ボケ」「甘い客」

郵便局員は高齢顧客のココを見る！

現役郵便局員への取材から、局員が訪問先で注目するポイントが見えてきた。

①独り暮らしである
②玄関先で何事も済まそうとしがち
③普通は客間や居間に入れず、「郵便局でーす！」と声をかけると、何の疑いもなくハンコを持って玄関を開ける
④物忘れがひどい。または認知症かな？ と思うことがある
⑤家の中が散らかっている
⑥郵便局員を家に上げて食事を振る舞うことがある
⑦郵便局の定額貯金や簡易保険でお金が増えた経験を持つ

⑧ 保険証書をいくつも持っている

東京では「甘い客」、関西では「ゆるキャラ」「ゆるい客」、北海道では「あめぇ客」、東北では「ボケ」、東海では名字で呼び捨てか「あのババア（またはジジイ）」……。不心得な郵便局員は、自分の言うがままにかんぽ生命の保険に入ってくれる高齢者を、陰でこう呼んでいた。

あなたの親は、「ゆるキャラ」「甘い客」だろうか。複数の郵便局員にその見分け方を教えてもらった。

まず局員が見るのは独り暮らしかどうか。高齢者の郵便局員への警戒心はただでさえ弱いのに、独り暮らしともなれば往々にして話し相手に飢えている。子ども夫婦が同居していて局員の説明に同席すれば、「保険料の支払総額が保険金を大きく上回るのでやめておいたほうがいい」などと忠告することもあるが、独居ならばその心配はない。したがって保険の話を持っていきやすい。

目安は「即決」しやすさ

次は、玄関先で何事も済まそうとしがちであること。保険契約の申込書も玄関先で書くような高齢者は、契約まで持っていくのに手っ取り早く、提案当日に契約に至る「即決」も可能で便利な存在だ（ただし「即決」は研修で禁止されている問題営業である）。

「こんにちは、郵便局でーす！」と声をかけると何の疑いもなくハンコを持って玄関に現れる高齢者も、「甘い客かも」と局員に思われる。郵便局員への信頼度の高さがあからさまにわかるからだ。

もしかしたら認知症かな？と思われる高齢者も「甘い客」になりうる。重度の認知症の高齢者から契約を取れば、後々、家族とトラブルになるのは目に見えている。

家の中が散らかっているのも「甘い客」の特徴なのだそうだ。散らかっているから家に上げようとせず、玄関先で済まそうとする。だから「即決」しやすい。

逆に、局員を家に上げて食事を振る舞う高齢者も「甘い客」になる可能性が高い。

「話し相手になればいくらでも保険を契約してくれそう」（ある局員）だからだ。

郵便局の定額貯金や簡易保険でお金が増えた成功体験を持っているのも「甘い客」の条件だ。「郵便局員の勧める金融商品は儲かるに違いない」と早合点してくれるからだ。

冒頭の訪問先で注目するポイントで、「3つ以上が該当すれば『甘い客』確定。2つなら『甘い客』候補、1つでも用心が必要だ」（別の局員）。

あなたの親が「甘い客」ならば、今すぐ実家で、かんぽの書類がないか探したほうがいい。いくつもの保険証書や契約書が出てくるかもしれない。その中には、子どもの自分がサインや捺印をした覚えのない保険もあるかもしれない。

ただ、保険証書を見つけ郵便局やかんぽ生命に連絡しても、まともに取り合ってくれないだろう。

その場合には、金融庁に直接届け出るか、金融ADR（裁判外紛争解決手続き）の裁定審査会に足を運ぶのが賢明だ。

巧妙な営業トークにご用心

「75歳の男性が月額保険料5・3万円、払込期間10年の終身保険に入るとする。支払う保険料は年63・6万円だから、10年間の総額で636万円。それだけ払って、死亡保険金は500万円。そんな『掛けオーバー』の保険が売れるわけがない」。ある現役局員はそう本音を漏らす。

掛けオーバーとは、掛け金(保険料)の総額が保障額や満期保険金を上回る保険商品のこと。そのような商品は珍しくないというのが現在のかんぽ生命の実態だ。

掛けオーバーの商品を売るために、局員たちはあの手この手の営業トークを繰り広げる。その一例を次に示したが、「問題トーク」はどのくらいあるか、わかるだろうか。営業現場ではここに紹介する問題トークのフレーズが、実践的な「話法」の中に取り入れられて巧妙に用いられている。

【トーク①】「老後のお金を保険で貯めませんか」、「かんぽにお預け入れしませんか」、「いつでも下ろせます」

【トーク②】「保険契約の更新です」、「保険契約の切り替えです」、「保険契約の延長です」（既存契約の満期に伴う営業トーク）

【トーク③】「被保険者の名前を変えませんか？」

【トーク④】「新規契約の加入後6カ月間は契約の解約ができません」、「解約後3カ月間は新規契約の申し込みができません」

【トーク⑤】「2年後も保険料を払い続けるのか、保険料払済契約に変更するのかは、そのときになってから考えればいいですよ」

こうした営業トークは、すべて「問題あり！」だ。

（問題点①）貯金と同じであるかのような説明

加入する保険商品を貯金と誤認し、払い込んだ金額が元本として保証されているように認識させてしまう。

（問題点②）契約満期後の更新、延長を提案

満期後の「更新」「切り替え」「延長」提案は誤り。新規契約の申し込みであることを説明しなければならない。

（問題点③）被保険者の変更を提案

いったん成立した保険契約の被保険者は変更できない。加えて、新規契約の申し込みであることを説明していない。

（問題点④）解約、申し込みの規則を説明

乗り換え契約の判定期間を潜脱するため、実際には存在しない規則を客に話している。虚偽説明に当たる。

（問題点⑤）契約変更を前提とした説明

支払い能力に見合った保険商品を提案する必要があり、対応を「後日考えればよい」という説明は不適切。契約から2年未満での解約となれば募集手当を返さなければな

らないという、募集人の都合で話している。

平均寿命でごまかす

まずは「平均寿命話法」の内容を再現してみよう。

局員「おじいちゃん、今79歳ですよね。男性の平均寿命は今81歳くらいだとご存じですか?」

高齢者「知っているよ。だったらなんだ」

局員「それでしたら500万円の死亡保険金が下りる保険に入られてはどうですか。保険料は年75万円くらいです。仮に平均寿命の81歳で亡くなられると、支払う保険料は2年分の150万円。それに対して死亡保険金はその約3倍なわけです」

この話法の問題は、2年分の保険料に意識を向けさせて、高額な保険料総額から顧客の関心をそらすことにある。これは「2年話法」とも呼ばれる。2年間だけでいいので保険に加入してもらうことが大前提の話法だからだ。

勧誘する局員が「2年」という期間にこだわるのには訳がある。2年未満で解約されたら、局員は契約成立によって得た募集手当を会社に返さなくてはならない。しかし2年以上経てば、返す必要がなくなる。

平均寿命話法の会話で、「2年経っても生きているときはどうすればいい？　保険料も安くないし」と高齢者が尋ねてきたとする。そのとき「保険料払済契約に変更するという方法がありますよ」と応じるのが「料済み話法」だ。

保険料の支払いを中止し、その時点で払い込まれている総額を基に保障内容を再設計するのが、保険料払済契約である。保険「料」を支払い「済み」とするので、局員たちは「料済み」と略す。保障額などは大きく減るのだが、保険料を支払う必要がなくなることをメリットとして強調する。

もらえる手当は話法次第

この話法は、「お客様が保険料を払えなくなったときの最後の手段なのに、初めから料済みにすることを前提に提案している」(別の局員) ことが問題だ。実は局員が募集手当を多くもらうために持ちかけているにすぎない。

例えば、ある顧客の保険が満期を迎えて満期金200万円が下りるとしよう。そのお金で保険料総額200万円の保険に新たに加入してもらっても、200万円に応じた募集手当しかもらえない。

一方、2年後に料済みにすることを前提として満期10年、保険料総額1000万円の保険に入ってもらったらどうだろうか。保険料総額が5倍だから、単純計算で5倍の募集手当が局員に入るのだ。

顧客の原資はどちらも200万円で同じ。だが、料済みにすることを前提に、より高額な保険に入ってもらえば、局員の稼ぎは増えるのである。まるで、テコの原理を使った手品のような〝話術〟だ。

満期金をそのまま新契約につぎ込むので、顧客は損をした気にはならない。また、保障が大きく減ることに気づくのは早くて2年後だ。

ただ、満期金を用いた料済み話法では、同じ保障内容の保険に乗り換えただけだと勘違いしている顧客も少なくない。もちろん、顧客の勘違いは局員の説明不足に責任があるだろう。

ある局員によれば、この料済み話法には進化版があるのだそうだ。

例えば、保険が満期を迎えて900万円がゆうちょ銀行の貯金口座に振り込まれた親世代の顧客に、「3人いる息子さんの誰に面倒を見てもらいますか? まだ決めかねますよね」と言葉をかける。

「今はとりあえず3人の息子さんの保険を作っておいて、3年後に面倒を見てもらうお子さんに保険をまとめられたらどうですか」と提案する。そして満期10年、年額保険料100万円の保険に3本入ってもらう。募集手当は1本約4万円だから、3本で計約12万円の募集手当を局員が手にする。

契約から3年後。「誰に面倒を見てもらうか、まだ決められない」と顧客が言うのであれば、そのときに「料済みという方法がありますよ」と提案するのだ。もし「次男に決めた」などと顧客が言ったときは、3つの契約を解約し、改めて1つの契約に集約する。

この料済み話法進化版の場合、局員が初めから料済みにしようとしているのは明らかだ。同時に、契約を一本化して募集手当をさらに得るための布石を打っている。

会社側に契約内容を疑われても、「契約当時の顧客は誰にお金を残すか悩んでいた」「最初から料済み狙いだったわけではない」と言い逃れができる。この点も巧妙だ。

高齢者を狙った各種話法

ここまで述べてきたように、局員たちのターゲットとなっているのは高齢の親世代だ。孫への愛情に便乗した「相続・贈与話法」といったものや「非課税話法」など、その世代に刺さる話法が普及している。

非課税話法とは、「貯金は利息の20％に税金がかかります。一方でかんぽの保険金は非課税なんですよ」と語りかけるものだ。満期金が保険料総額を大きく上回った古きよき時代ならいざ知らず、掛けオーバーの現在では非課税かどうかは問題ではない。そもそも超低金利で貯金の利息はほとんどつかない。しかも満期金が保険料総額を下回っているのだから、保険が非課税でも同額を貯金に回したほうがマシなはずだ。

それでもこの非課税話法を使う局員は今なお存在するのだそうだ。「定額貯金が10年で2倍になったり、保険料総額を上回る満期金が下りたりと、古きよき時代の残像が高齢者には強いからだろう」（ある局員）。

「介護話法」も高齢者向けだ。介護施設に入る際、預貯金の残高を施設が確認することがある。預貯金が多い人は1割の施設利用料の自己負担が2割になるのだが、「預貯金が多いと施設に入れなくなります。今のうちに預貯金をかんぽに移しておきましょう」と、必要以上に不安をあおって契約へ誘導する。

認知症に対する不安に目をつけた「解約話法」というものもある。同話法は約5年連続日本一の営業成績を残した局員が得意としていたそうだ。

狙うのは複数本の保険に加入している顧客。「認知症になったらどうしますか」「何本もの保険の更新で書類にサインする、なんてできなくなりますよ」と語りかけ、既存保険をすべて解約させる。それから1本の新しい保険に入ってもらうのだ。

本来なら満期まで待っていたほうが得をする保険契約であっても、解約させられる。一度に複数本を解約し、新たな契約の原資とするために、どれだけ損をしたのかが、顧客には見えにくい。

以上、紹介した話法は原則禁止。だが「バレなきゃいいんだ」と現場で横行している。さまざまな話法は誰がどこで開発し、どう伝播していくのか。

ある局員は、「研修で同行してくれたインストラクターが実演した」と証言する。インストラクターは主に高実績者の中から選ばれる。別の局員は、「集合研修で『やってはいけない』と教わった話法が、現場では広く用いられている」と暴露する。

さらに別の局員は「営業時間外に全国で行われている『自主研（自主研究会）』が、話法の開発と伝播の現場だ」と指摘する。ほとんどの自主研は局員が〝工夫〟した営業手法を発表する場だ。

信越支社の支社長（当時）は、2014年の郵政専門誌のインタビューで、「最高優績者を中心に開催する自主研究会は1000人を超える社員が結集した」と明かしている。自主研が話法の伝播に重要な役割を担っていることは間違いなさそうだ。

コロコロ変わる商品提案

「ご長男様に『想い』を残しましょう」「お金に名前をつけましょう」……これらの言葉が、全国で行われてきた郵便局員による問題営業の入り口だ。

実際の保険は、契約者を母親、被保険者を長男、満期保険金の受取人を母親にする。確かに長男の名前はある。だがこれでは、契約が満期を迎えるか長男が亡くなるかしないと、保険金が下りない。母親の「想い」がきちんと残る形になっていないのだ。

受取人が自分であることの矛盾に何の疑いも持たない相手（母親）ならば、頃合いを見計らい、問題営業は第2段階へと進む。

「ご長男様のお嫁さんとうまくいっていないんですよね」「だったら、ご次男様にも『想い』を残しましょう」と話をし、被保険者を次男とする別の契約を持ちかけるのだ。

ただし、契約者・受取人は相変わらず母親だ。

このとき、最初の契約を解約するような話をしておきながら、実際は解約しないこともある。その場合、契約は2本になる。「次男がいなければ長女や次女、孫を被保険者にする」（ある局員）。

節税にならない生前贈与

そして仕上げは、「生前贈与の仕組みを使われてはいかがでしょうか」という提案だ。契約者、被保険者、受取人とも子どもや孫にする形態だ。

最初の2つの例と異なり、この場合は子どもや孫が受取人だから、「想い」は残せそうに見える。ただし、保険料を払うのは母親のままだ。「母親が一家の財布を握っていることや、独居老人の多くが女性であることから、母親が狙われている」（前出の局員）。

年間110万円の非課税枠内で、母親の通帳から子どもの通帳にお金を移し、子どもの通帳から保険料を払うなどの手続きをきちんと踏む必要がある。だが、「こうした〝生前贈与話法〟を用いる局員の多くが正確に理解しておらず、適切に説明できていない」（別の局員）。そもそも、「面倒そうだからやめておく」と敬遠されたくないので、説明を避けがちだ。

親の通帳から子どもや孫の通帳に毎年移すなどの手続きをきちんと踏んでいなかった場合、相続税対策にならない。そのことに子どもが気づくのは、母親が亡くなった後。痛手を被るのは契約者である。局員の話を鵜呑みにするのはやめたほうがよさそうだ。

顧客本位の経営ができていない

金融庁長官・遠藤俊英

収束が見えないかんぽ問題。金融商品の販売実態をどう見ているのか、遠藤俊英・金融庁長官に聞いた。

――かんぽ生命では、法令違反を受けた金融庁の届け出事案も増えています。

件数の多寡についてコメントはしない。届け出事例があれば通常の監督業務として「いったいこれは何なのか」と個別にヒアリングし、事実関係を確認している。

届け出事例とは別に今回の件（不適正募集）は、東洋経済の記事（2018年1月20日号「保険に騙されるな」、同11月24日号「保険の罠」）やテレビの報道（同4月24日、N

HKクローズアップ現代＋「郵便局が保険を〝押し売り〟！？」）もあり、18年あたりからヒアリングを行った。いろいろな話を踏まえて、どこまで自分たちで深掘りするのかについて隔靴掻痒（かっかそうよう）の感があり、5月末に公式な形での報告徴求命令を行った。

――6月末、かんぽ生命は不利益変更の可能性がある契約の件数を公表しました。

それは報告徴求に対する回答ということだろう。

――不適正募集の問題はどんどん大きくなっています。

日本郵政グループは、第三者委員会を設置しきちんと調査すると言っている。今回の件がどこまでの広がりを持っており、何が問題なのか、組織としてどうなっているのかなど、第三者委員会と行政の検査を通じて認定していくということに尽きる。

保険販売で問題提起

――2018年、金融庁は外貨建て保険の販売で情報提供が不十分と指摘しました。業界の対応に変化は見られますか。

保険業界にも窓口販売を行う金融機関にも、今の売り方は本当に大丈夫なのかと、強い問題提起をしてきた。

業界としては商品のパンフレットをわかりやすくし、銀行もちゃんと研修を行っているという。今後、それに基づいて販売プロセスがうまく機能しているのかをきちんと見せてもらう。

――かねて金融庁が強調してきた顧客本位の業務運営を、金融機関はどこまで実践できているのでしょうか。

顧客本位がどの程度進んでいるかは、金融機関に聞いているだけではわからない。そこで顧客側にアンケート調査を行った。8月9日に公表した最終報告では、ここ

2〜3年で金融機関の対応がよくなったと感じている人は2割にとどまる。また、リスク性金融商品を購入する際、7割の人がほかの金融商品との比較説明を受けていない。

金融機関は顧客本位の方針を掲げているが、きちんと実行できていないというのが、われわれの総括だ。

――地方銀行大手の行員でもノルマがきつく、手数料ありきで仕組み債や外貨建て保険を売るという話を聞きます。

もし本当にそうした事例があるならば、ぜひ具体的に教えてもらいたい。

金融庁としてはノルマの問題をすごく重視している。顧客本位の業務運営とか、地域密着型の経営とか、銀行としていろいろやると言っておきながら、何で現場ではそれと違ったことになるのか。経営トップの言っていることは建前で、本音は「収益を上げろ」ということであれば、それは経営とはいえない。

われわれのヒアリングでは、「あなた方の銀行の経営理念はどこまで現場に浸透しているのか」と経営陣に問い、現場には「経営理念をどう理解しているのか」と聞く。

そうして金融機関の顧客対応に問題がないかを見ていく。

遠藤俊英（えんどう・としひで）

1982年東京大学法学部卒業、旧大蔵省入省。金融庁では、総務企画局参事官（金融危機対応担当）、監督局銀行第一課長、総務企画局総務課長などを経て、検査局長、監督局長を歴任。2018年7月から現職。

加入に値する保険がない

かんぽ生命の乏しい商品力

「保険相談室」代表・後田　亨

かんぽ生命保険の不祥事が報道されている中で、ほとんど語られていないことがある。そもそも販売されている商品に「加入に値する保険」が見当たらない、ということだ。

早速、商品内容を見ていこう。まず、一生涯の死亡保障がある**終身保険**「新ながいきくん」だ。35歳男性が基準保険金額1000万円のプランに加入し、60歳まで保険料を払い込む場合、基本契約（特約を除いた部分）の月払い保険料は3万4000円、払込総額は1020万円になる。ちなみにソニー生命保険で同様のプランに加入すると、保険料は2万8910円、払込総額は867万3000円だ。

新ながいきくんは、契約日から1年6カ月経過後に不慮の事故や所定の感染症で死亡した場合、保険金が倍額になる。だが、死因によって遺族に必要なお金の額が変わるとは考えにくい。

保険料払込期間中の解約返戻金の額を抑えることで保険料を安くする、「**低解約返戻金**」プランも見てみよう。こちらも相対的に保険料が高いが、オリックス生命保険の同タイプの保険と比較しながら目を疑ったのは、解約時の払戻率だ。オリックス生命の場合、60歳の払い込み満了直後で103・8％。一方のかんぽ生命は80歳時でも97・6％なのだ。

次は、一定期間の死亡保障と同額の満期金がある「**普通養老保険**」で見てみよう。35歳男性が55歳満期で300万円のプランに加入する場合、保険料総額は329万400円となる。よって、貯蓄性は評価できない。

「保険料の大半は取り戻せる。死亡保障にかかるお金は満期金との差額の約29万円、月々1200円程度にすぎない。特約として入院保障なども付加できる」という勧誘側の論法も苦しいだろう。

養老保険も割に合わない

養老保険は、今日明日にでも加入者が死亡した際に保険金を支払うための「保障部分」と、満期に保険金と同額の満期金を支払うために保険料の相当額を積み立てておく「積立部分」で構成されている（終身保険も構造は同じ）。

したがって保障部分を切り出すと、積立金の増加に伴い保障額が300万円から徐々に減額され、満期にはゼロになる保険とみることができる。そう考えると1200円の負担は割に合わない。

「都道府県民共済」の総合保障2型であれば、20年間、毎月2000円で400万円の死亡保障と日額4500円の入院保障などを持てるからだ。しかも同共済では例年、決算時に剰余金（共済金の支払い後に残ったお金）を30％弱払い戻しており、実質的な負担は１４００円強となる。

それに比べると、かんぽ生命の普通養老保険の死亡保障にかかるお金は割高だろう。入院保障などを持ちたい場合でも、わざわざ元本割れする契約に特約として付加する必要はないはずだ。

かんぽ生命の終身保険にも養老保険にも、掛け捨ての死亡保障を上乗せするプランがある。

例えば「新ながいきくん（ばらんす型5倍）」では、一生涯の死亡保障を２００万円にして、保険料払込期間中の６０歳までは、その5倍の１０００万円の死亡保障を持つことができる。「特別養老保険　新フリープラン（１０倍保障型）」は、１００万円の満期金に対して、保険期間中（保険料の払込期間中）の死亡保障が１０００万円となる。

だが、どちらも使い勝手がよいとは思えない。そもそも一定期間の死亡保障を、コストパフォーマンスが悪い終身保険や養老保険とセットで持たなければならない理由は見当たらない。

しかも2・5・10倍などと倍率が決まっているうえに、加入限度額も被保険者が満16歳以上のときは1000万円、一定の条件を満たす場合でも累計2000万円までという、かんぽ生命特有の縛りがある。

実際に、子育て中の世帯主が一定期間の死亡保障を持つのであれば、死亡保険金が毎月分割払いで給付される「**収入保障保険**」のほうが使いやすいだろう。契約後、健康に暮らしていれば、受け取れる可能性のある保険金総額は減っていく計算となる。その分だけ保険料は安価になっているのだ。

ところが、かんぽ生命の商品ラインナップに収入保障保険はない。商品の使い勝手の問題のほかに選択肢の少なさがあることも指摘しておきたい。

なお「**学資保険**」も、パンフレットの契約例を見ただけで困惑してしまう。学資金(満期保険金)300万円に対し、保険料総額は316万2240円に達しているからだ。18歳満期の保険料を12歳までに払い終える例でも、払込総額は309万3120円だ。複数の保険会社とJA共済の学資保険で払戻率を確認したが、さすがに100%未満の事例は見当たらなかった。

学資保険には、契約者が死亡すると保険料の払い込みが免除され、学資金は予定どおり支払われる機能がある。そのため単純な積み立てではないとしても、学資保険加入を前提とするのであれば、他社商品を選ぶほうが賢明に違いない。

このように見てくると、「かんぽ生命の商品を勧める＝不適切な営業行為」とさえ思えてくる。

しかしほかの保険会社も、適切な営業をしているとは到底いえない。単純化すると金融商品では、会社側の取り分が多くなるほど顧客に還元されるお金が減る。会社側の取り分がほぼ明らかにされていない時点で、ほかの生保も「顧客不在」である。

後田 亨（うしろだ・とおる）
日本生命保険と乗合代理店で営業を経験。保険のコンサルタント（相談は有料）。『いらない保険』など著書多数。

■ 保険金・満期金額は保険料総額を下回る
―かんぽ生命の代表的な保険商品の内容―

商品	保険金額	保険料総額	契約内容
終身保険	1000万円	1020万円	35歳男性が60歳まで保険料を払う場合
普通養老保険	300万円	329万0400円	35歳男性が55歳満期で加入し、保険料を支払う場合
学資保険	300万円	316万2240円	30歳男性が18年間保険料を支払う場合

(注)普通養老保険、学資保険は満期金額。保険料総額は基本契約の場合
(出所)かんぽ生命の商品パンフレット

■ 払戻率で比べても他社商品に見劣り
―低解約返戻金型終身保険の比較―

社名	保険金額	保険料総額	払戻金額	払戻率
かんぽ生命	1000万円	993万6000円	969万9000円	97.6%(80歳時)
オリックス生命	1000万円	828万2400円	860万3700円	103.8%(60歳時)

(注)40歳男性が60歳まで保険料を支払う場合
(出所)各社の商品パンフレット

ゆうちょ銀行の売れ筋投資信託

投信ブロガー・NightWalker（ナイトウォーカー）

ゆうちょ銀行における投資信託の年間販売額は、2018年度で8910億円と近年右肩上がりだ。投信の購入先として信頼されている証しなのかもしれない。だが、投信で長く投資してきた筆者からすると、その売れ筋投信にはいくつもの疑問が浮かぶ。以下指摘していこう。

疑問の1つ目は「**なぜ、わざわざ購入時手数料を払わないといけないのか?**」だ。2019年1〜6月の半年間におけるゆうちょ銀行の投信販売金額ランキングをみると、見事なまでに購入時手数料を取る商品ばかりが並ぶ。購入時手数料無料（ノーロード）が主流の昨今の投信事情からすると、いささか違和感を覚える。
　購入時手数料が税抜きで１・５％だったとすると、税込みで１・62％も損をした状態で購入するに等しい。１００万円の投資元本がいきなり98万３８００円に目減りするようなものだ。

　リターンは運用状況によって変動するが、購入時手数料や保有中にかかる信託報酬（投信を管理・運用してもらうための経費）などのコストは確実にかかる。投信の値下がりリスクは販売会社や運用会社ではなく、ほかならぬ購入者だけが背負う。期待リターンに見合ったコスト負担であるのかという視点を持つことが大切だ。

■ 販売金額で上位の投信には高コストの商品が並ぶ

—ゆうちょ銀行が取り扱う主な投資信託—

順位	ファンド名	購入時手数料		信託報酬率	実質的な運用管理費用
		店頭・電話	ネット		
販売金額ランキング					
1	東京海上・円資産バランスファンド(毎月決算型)	1.5%	1.2%	0.84%	—
2	東京海上・円資産バランスファンド(年1回決算型)	1.5%	1.2%	0.84%	—
3	スマート・ファイブ(毎月決算型)	2.0%	1.6%	1.00%	1.35%以内●
4	ピクテ・グローバル・インカム株式ファンド(毎月分配型)	3.0%	2.4%	1.10%	1.70%程度●
5	JP4資産バランスファンド(安定成長コース)	1.0%	0%	0.46%	0.57%程度●
6	DIAM世界リートインデックスファンド(毎月分配型)	2.5%	2.0%	0.85%	—
7	JP4資産バランスファンド(安定コース)	1.0%	0%	0.46%	0.57%程度●
8	野村世界6資産分散投信(安定コース)	1.5%	1.2%	0.62%	—
9	ダイワ・US-REIT・オープン(毎月決算型)Bコース(為替ヘッジなし)	2.5%	2.0%	1.52%	—
10	大和住銀 先進国国債ファンド(リスク抑制型)	1.0%	0.8%	0.48%	—
販売件数ランキング					
1	つみたて先進国株式 ※	—	0%	0.20%	—
2	野村6資産均等バランス ※	—	0%	0.22%	—
3	JP4資産均等バランス ※	—	0%	0.09%	0.22%程度●
4	つみたて8資産均等バランス ※	—	0%	0.22%	—
5	つみたて日本株式(TOPIX) ※	—	0%	0.18%	—
6	DIAM世界リートインデックスファンド(毎月分配型)	2.5%	2.0%	0.85%	—
7	つみたて新興国株式 ※	—	0%	0.34%	—
8	野村世界6資産分散投信(分配コース)	1.5%	1.2%	0.69%	—
9	東京海上・円資産バランスファンド(毎月決算型)	1.5%	1.2%	0.84%	—
10	ダイワ・US-REIT・オープン(毎月決算型)Bコース(為替ヘッジなし)	2.5%	2.0%	1.52%	—

(注)2019年1月~6月30日の6カ月間の販売実績に基づく。数字はすべて税抜き。購入時手数料は購入額が500万円未満の場合。信託報酬率と実質的な運用管理費用は小数第3位以下を切り捨て。※はゆうちょ銀行のつみたてNISA対象ファンド。●はファンド・オブ・ファンズ型　(出所)ゆうちょ銀行ホームページ

あまりに割に合わない

疑問の2つ目は「なぜ、リターンの低い日本債券にコストを支払うのか?」だ。販売金額ランキング1位と2位の「東京海上・円資産バランスファンド」で気になるのが、運用資産に占める70%という高めの日本債券比率だ。

債券の価格は金利と逆の動きをする。金利が上昇すると価格は下がり、金利が低下すると価格は上がるという関係だ。日本の長期金利はほぼゼロの状態だが、今後、金利が上がると債券価格は値下がりしてしまう。今の日本債券の期待リターンはかなり低い。そのような日本債券に、購入時手数料1・5%に加えて0・84%という保有コスト(信託報酬)をかけるのは、あまりにも割に合わない。

「分散投資で資産の安定性を重視するバランス型の商品」といったセールストークに、顧客はひかれたと思われる。だが、この投信と同じくらいのリスクに収めたいのであれば、投資予定額の30%分で株式などのリスク資産を買い、余ったお金で金利上昇リスクに強い個人向け国債変動10年を購入する選択肢もある。

疑問の3つ目は「**なぜ、コストが高めのファンド・オブ・ファンズ（FOF）型が売れるのか？**」だ。FOF型の投信は、「別の投信を投資対象とする投信」となる。

■ ファンド・オブ・ファンズ型の投信はコストが二重にかかる

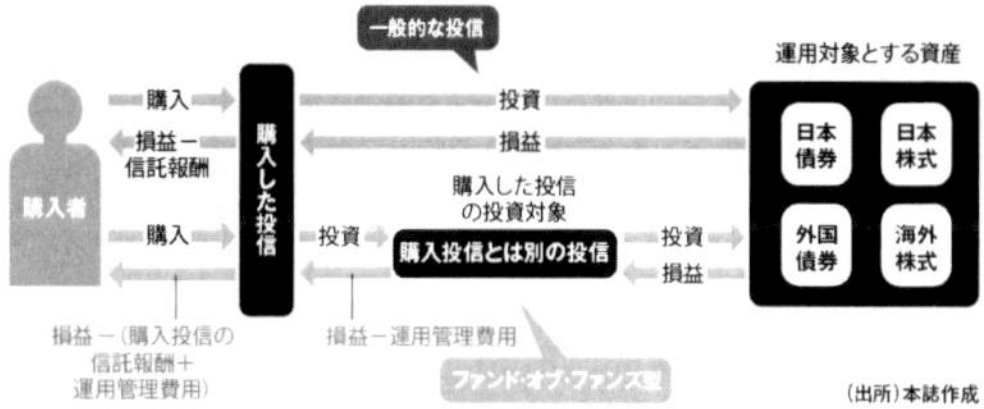

（出所）本誌作成

一般的な投信であれば、信託報酬が保有コストのほぼすべて。しかしFOF型の投信では、顧客が購入した投信にかかる信託報酬に加えて、購入した投信が投資している別の投信の信託報酬もかかる。いわば信託報酬が二重取りの構造になっており、両者を合わせた「実質的な運用管理費用」をきちんとチェックする必要がある。

ランキングの中の投信には、「実質的な運用管理費用」というコストが設定されている商品がある。その商品がFOF型の投信となる。

信託報酬率だけを見て、コストが低いと判断してはいけないのだ。FOF型の投信を購入している客は、そのコストについてきちんと理解して買っているのだろうか。心配なところだ。

疑問の4つ目は「**なぜ、いまだに毎月分配型投信が売れ筋なのか?**」だ。前金融庁長官のときから顧客本位の徹底が金融機関に求められるようになり、そのやり玉に挙げられたのが毎月分配型投信だった。販売は低調になっていたはずなのだが、ゆうちょ銀行では今なお売れ筋だ。

毎月分配型投信は一般に信託報酬率が高い。運用で得た利益をそのまま再投資に回せば投資元本が増え、得られる利益も一段と大きくなるという複利効果も、毎月分配型だと購入者自らが分配金を再投資しなければ得られない。

また毎月出る分配金のうち、運用による利益を基にした「普通分配金」の部分には税金が課せられてしまう（投資元本を取り崩して支払われた「特別分配金」の部分は非課税）。長期の資産形成には、およそふさわしくない投信なのである。

確かに、高齢者など資産活用世代には取り崩しニーズがある。それならば、分配金がないローコストの投信を定額ではなく定率で自ら取り崩していくほうが、資産寿命を延ばすという観点においても合理的である。

疑問の5つ目は「なぜ、ゆうちょ銀行専用ファンドは売れるのか？」だ。

販売金額ランキングの7位には、ＪＰ投信の「ＪＰ4資産バランスファンド」というゆうちょ銀行専用ファンドが登場する。ほかでは見られないメリットが何かあるかというとそうでもない。これは何の変哲もないバランス型の商品である。

日本債券と日本株式を合わせた日本比率が65~75%と若干高めで、世界分散という点では疑問符が付く。実質的な運用管理費用も年0・57%程度と、今や年0・2%程度の保有コストが相場のインデックス型バランスファンドと比べて見劣りする。

それにもかかわらず売れているのは、ゆうちょ銀行が扱うほかの毎月分配型投信と比べて比較的安いコストであることや、隔月奇数月に分配されるため年金受給(偶数月)の隙間を埋められる、といった商品性に釣られる人が多いからではないだろうか。

シニア世代は要注意

コスト面で疑問符の付く商品が並ぶ、ゆうちょ銀行の投信販売金額ランキング。ところが、販売件数ランキングでは状況が一変する。

一番の違いはコストだ。購入時手数料無料の商品が増え、信託報酬率の水準も一気に下がる。それを牽引するのが、販売件数ランキング上位を占める「つみたてNISA(積み立て型の少額投資非課税制度)」対象ファンドだ。

つみたてＮＩＳＡは年間４０万円までの投資分に対して、２０年間にわたって運用益が非課税になる制度。対象商品を長期投資向けの投信に限定しているのが特徴だ。販売件数ランキングからは、ゆうちょ銀行でも同制度が浸透していることがうかがえる。

つみたてＮＩＳＡには年間の投資枠が４０万円という制約があるため、販売金額が積み上がりにくい。つまり販売金額ランキングには、１購入当たり金額の大きい商品がランクインしていることになる。同ランキングの上位は、低リスク型の投信や毎月分配型投信が占めている。その購入の主体はシニア世代だと思われる。

つまり、現役世代はコストの低い投信をしっかり選んでいるが、シニア世代はコストが高めの商品に多額を投じているという構図が見えてくる。投信を資産運用のツールとして賢く活用する人も多い反面、残念な選択をしてしまう人もまだまだ多いということだろう。

当然のことながら、個別の商品にはそれぞれに価値がある。問題なのは購入者がどれだけ商品内容や投信の活用方法を理解しているか、だ。とくにこれまで投資をしてこなかったシニア世代は注意が必要である。

NightWalker（ナイトウォーカー）

50代男性投資家。2005年から運営するブログで投信に関する情報を発信。著書に『世界一ラクなお金の増やし方 #インデックス投資はじめました』。

【外貨建て保険】実態は不利な外国債投資

「保険相談室」代表・後田　亨

「お金の増え方が大きく見える円建て保険がないからです。老後の払戻率は円建て保険だと108％程度ですが、外貨建て保険では140％くらいになる。この払戻率は為替などで変動する数字なのに、見栄えがよいせいか、お客さんも反応します」

ドルやユーロなどの外貨で保険料を払い込み、外貨で保険金や解約返戻金などを受け取る外貨建て保険。為替変動など外貨建て特有のリスクを抱えた商品だ。その売り上げが近年伸びている理由を、ある保険代理店の販売員が冒頭のように解説してくれた。

筆者も同感だ。預金金利への不満や老後資金への不安を持つ人は、140％といった払戻率のように「見たいもの」だけを見てしまう傾向がある。しかし、最も見なければいけないのは、手数料などの「契約に要する費用」だ。

例えば、ある銀行では1000万円の退職金が振り込まれた顧客を窓口担当者が相手にする場合、販売する商品によって次のように手数料が変わるという。個人向け国債の「変動10」の販売では4万円。それが国内生命保険会社の「一時払い外貨建て特殊養老保険」を売ると70万円にもなる。

担当者が勧めるのはどちらの商品だろうか。一方の顧客にとっては、手数料を差し引いた996万円で運用が始まるのと、930万円からスタートするのとではどちらがいいのか。保険会社が魔法のような運用ノウハウでも持っていない限り、顧客にとっては後者が不利なのは明白だ。保険会社が特別な運用法を持たないことは、日本の長期金利が下がるたびに貯蓄性商品の保険料値上げが繰り返されてきた歴史が教えてくれる。

外貨建て保険には2つのリスク
―為替変動リスクと金利変動リスクの仕組み―

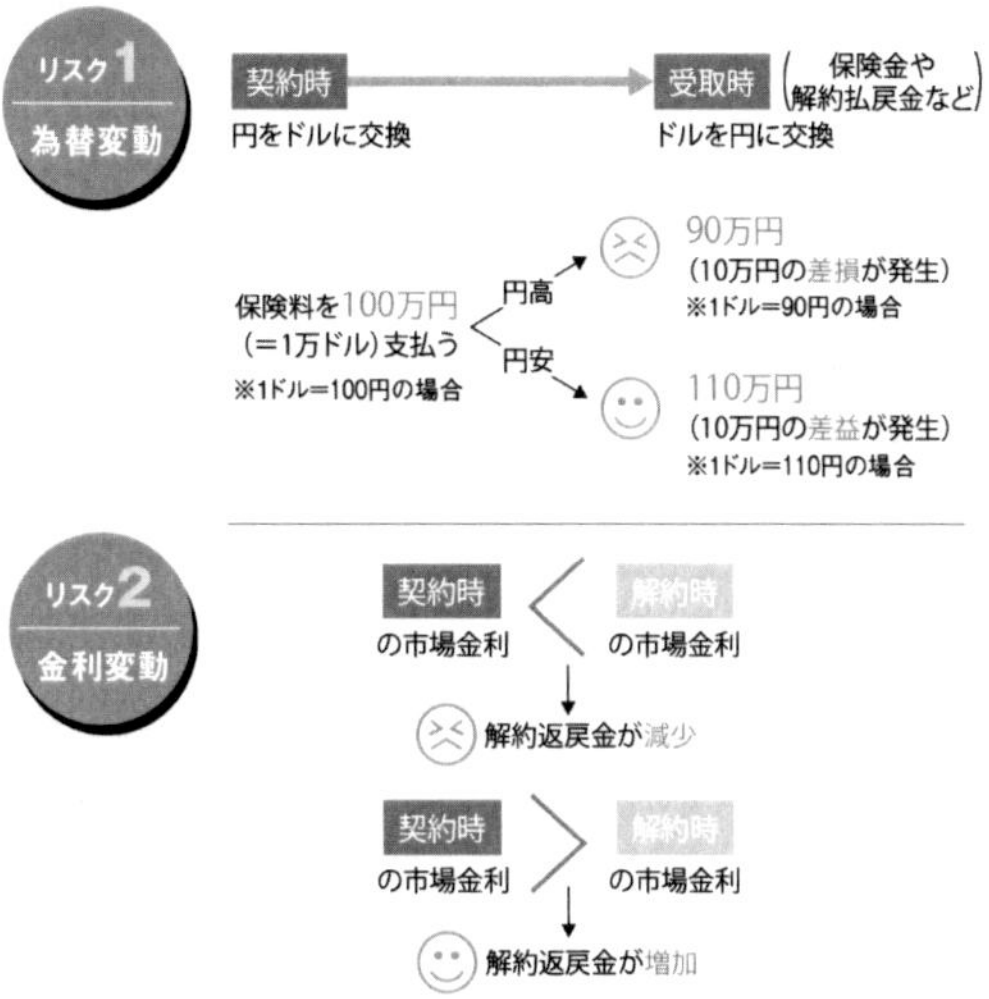

(注)解約時の市場金利が契約時と同じでも返戻金が減るケースもある

為替次第で変動する

お金（保険料）をお金（払戻金など）に換える仕組みである限り、このように販売員への手数料なども含む保険会社の経費や収益に消えるお金の多寡が、顧客の受取額に決定的な影響を与える。費用の多寡について考えるには、商品の「設計書」で契約から1年後の払戻率を確認するといい。ある乗合代理店から取り寄せた2つの商品の例で説明する。

次図は、保険料を毎月積み立てる「外貨建て終身保険」の例だ。30歳で加入し60歳で保険料を払い終え、保障が一生涯続くタイプの商品となっている。

■ 払戻率は一見いいが…
―ある外貨建て終身保険の設計内容―

経過年数（年）	保険料累計額（ドル）	解約払戻金（ドル）	払戻率（%）
1	1,398	85	6.0
10	13,980	10,487	75.0
20	27,960	23,915	85.5
31（61歳時）	41,940	60,021	143.1
40	41,940	70,486	168.0

保険料払い込みが終了

商品内容（加入例）

契約者	30歳・男性
保険期間	終身
保険料払込期間	60歳払い済み
低解約払戻期間	60歳
基本保険金額	10万ドル
月払い保険料（口座振替扱い）	116.5ドル

保険料の払い込みが終わって1年後となる61歳時の払戻率は143・1%で、70歳時には168・0%まで上昇する。保険料払込期間中の死亡・高度障害保険金額は、その時点で払い込んでいる保険料に相当する額でしかないから、保障目的での利用は考えにくい。まさに「見栄えのよい払戻率」が売りなのだと思われる。

ただし、この払戻率は額面どおりに受け取れない。あくまで外貨ベースであり、為替レートによって変動する「タラレバの数字」にすぎないからだ。

ドル円レートは、過去30年で1ドル＝158円から同75円台までの振れ幅がある。高齢化が進む日本の人口構成や経済成長率から、将来は円安になることを予想する者もいるが、バブル期以降の約30年で円高傾向なのだから、将来の為替レートは予測不可能と思っておくほうが現実的だろう。

それよりも、確実に発生する「マイナス」のほうに着目すべきだ。先述したように費用の多寡が表れる1年後の払戻率は6・0%。この数字から、契約初年度は「保険料の大半が積み立てに回らない」と推察できるのだ。

保険特有の仕組みとして、契約後10年間の解約については、解約時の経過年数に応じて、契約初期にかかる諸費用の未回収分を積立金から差し引いて払い戻す「解約控除」があるのも痛い。

契約初期に発生する費用の回収に時間がかかるのは、販売員の手数料を初年度に厚く支払い、販売促進の動機づけにしている保険会社の都合であるにもかかわらず、ツケは顧客に回る。1年後の払戻率が目立って低いのは、初年度の手数料が大きいことの証左とみていいのだ。

1年分の保険料の半分が、販売員の手数料も含む保険会社の経費や収益に充てられるとして試算してみよう。そうすると「年間保険料×50%÷30年分の保険料」で、年率にして約1・67%の費用を顧客が負担する計算になる。

「運用の成果から少なくとも1・67%分が手数料として引かれます。それが30年間続きます。加えて、将来の払戻額はその時点での為替レート次第です」。そのような投資話にお金を出したい人はどれだけいるだろうか。

実際は、初年度の販売員の手数料だけで年間保険料の50%を超えることが珍しくない。また2年目以降も数年間は販売員の手数料が数%程度発生し、その後、保険会社が自身の収益を確保していく。これでも控えめな試算結果なのだ。

「市場価格」で目減りも

保険料を契約時に一括で支払う「**一時払い保険**」の例も見てみよう。ある外資系保険会社の「積立利率変動型一時払い終身保険」に60歳男性が加入するケースだ。

■「市場価格調整」にも注意
―積立利率変動型一時払い終身保険の設計内容―

経過年数(年)	積立金額(ドル)	解約控除率(%)	市場価格調整率(%)	解約払戻金(ドル)	払戻率(%)
1	94,010	9	2.61	83,090	90.2
3	97,900	7	2.03	89,060	96.6
4	99,910	6	1.75	92,160	100.0
5	101,960	5	1.46	95,370	103.5
10	112,840	―	―	112,840	122.4※

(注)解約払戻金は「解約時点の積立金額×(1－解約控除率－市場価格調整率)」。※は積立利率計算基準日の市場価格調整を行っていない払戻率

商品内容(加入例)

契約者	60歳・男性
保険期間	終身
死亡保険金額	積立金相当額
一時払い保険料	9万2123.45ドル
契約日からの10年間で適用される積立利率	年2.05%
解約日・減額日に適用される積立利率	年2.05%

加入から1年後の払戻率が90・2％なのは、解約控除の影響が大きい。1年目の解約控除率は9％で設定されている。控えめにその半分（初期費用の半分）の4・5％が販売員の手数料だと仮定しても、円換算で約997万円の一時払い保険料を払った時点で、45万円近いマイナスが生じる。

さらに「市場価格調整」も払戻額に影響を与える。契約時よりも解約時の市場金利が高くなった場合（債券価格が下がった場合）は解約払戻金が減少し、低くなった場合（債券価格が上がった場合）には、解約払戻金が増加するというものだ。外貨建て保険は主に外国債券で保険料を運用するが、解約時の金利により債券価格が上下するリスクも顧客が負うことになっているのだ。

債券での運用に価格変動リスクはつきものだから、保険会社がそのリスクを負う場合、顧客に約束する積立利率は相応に引き下げられるに違いない。それにしても、市場価格調整率の計算法では、積立利率が変わらない場合でも払戻金が減ってしまうのは、保険会社のリスクを過大に顧客に転嫁していることにならないだろうか。

いずれにしても、「投資は怖いけれど、保険なら将来の受取額が決まっていて安心」

などと思っている人は、認識を改めてほしい。設計書の払戻金額は確定した数値ではなく、「不確実な例示の1つ」にすぎないのだ。

むしろ外貨建て保険で資産形成を考えることは、「不利な外国債券投資を行うようなものだ」との認識を持ってほしい。

積立利率2・05%とはいえ、解約控除や市場価格調整といった保険特有の仕組みの影響があることで、外貨ベースでも払戻率が100%になるのは4年後だ。

19年10には消費税率が2%ポイント上がり、4年後の100%は実質的にはマイナスに違いない。10年後の122・4%も為替や金利次第でマイナスになることが考えられる。

メリットはあるのか?

円建て資産だけを保有するリスクを語り、外貨建て保険で資産を分散する意義を説く者もいる。だが長年、保険会社のリスク管理に関わってきた専門家は、「外国債券中心の保有はリスクにリターンが見合わない」と指摘する。

筆者も外貨建て資産を持つ意義は認めるが、為替リスクを取るならば、外国株式に投資するインデックス型の投資信託などで保有するほうが賢明だと考えている。そのほうが見込めるリターンはより高く、保険より手数料などのコストがずっと低い。

「死亡保障付きなので、投信での運用との単純比較には無理がある」といった反論もあろう。しかし、外貨で死亡保険金を受け取る必要がある人は少数ではないだろうか。大半の人にとっては「死亡保障のために余計な費用が発生するのだから、保険での貯蓄・運用は不利」とみていいはずだ。

もちろん、手数料や会社側の取り分が開示されていないことなど、「透明性に欠ける」という一点で利用を控えるのも正しいだろう。この判断が筆者のイチオシだ。

すでに加入している場合は、「今後のお金の増え方」だけで継続の是非を判断したい。元本割れが続く場合は解約したほうがよい。これまでに払った保険料と現時点での払戻額を比較し「損を挽回しよう」と考えないことだ。販売員の口座に振り込まれた手数料などは戻ってこないからだ。

月払い契約の場合は解約するのではなく、保険料の払い込みをやめて保険金額が小さくなった契約を残す「払い済み」という選択肢がある。市場の動向により、払戻金が増える機会を待つのだ。

判断に迷う場合は、商品販売による報酬を受け取っていない有識者に謝礼を払って相談するのが無難だろう。世間での認知度が高いファイナンシャルプランナーであっても、代理店業務に関わっている者もいる。有料だからといって最善の助言が得られる保証はないが、利益相反を避けるための対価と考えてはどうだろうか。

保険のような手数料ビジネスの世界では、売り手と顧客はあらかじめ利益相反の関係にある。保険会社の営業担当者や代理店に適切な情報提供などを期待しても仕方がない。顧客が賢くなるしかない。

★これだけは気をつけよう

① 見栄えのよい「払戻率」を信じ込むな
② 最も重視すべきは契約に要する費用
③ 不利な外国債券投資と考えてみる

【投資信託】まかり通る投信の「一物多価」

ウェルスペント 代表・横田健一

投資家から集めた資金を1つにまとめ株式や債券などで運用し、その運用成果を分配する投資信託。個人が長期的に資産を形成していくうえで投信は、非常に重要な役割を担うと筆者は考えている。ただ商品を見誤ると、思っていたほどの運用効果を得られない。そこで選択の基準として外せないのが手数料だ。

まずは手数料の体系を確認しておこう。投信の手数料は①購入時、②運用時（保有期間中）、③解約時の3つのタイミングで発生する。

①で支払うのは購入時手数料だ。投信ごとに手数料率の上限が定められており、証

券会社や銀行などの販売会社に払う。ノーロードと呼ばれる販売手数料ゼロの投信も増えている。

②の運用時に発生する手数料は大別して4つある。投信を管理・運用してもらうための経費が信託報酬で、投信を保有する間はずっと引かれる。ファンド運用などを担う投信会社、各種書類の送付や顧客口座の管理を行う販売会社、ファンド財産の保管・管理などを行う受託会社の3社に払われる。

売買委託手数料と有価証券取引税（海外）は運用に伴う実費。投信で運用対象とする株式など有価証券を売買する際に発生する。その他費用は主に保管費用と監査費用の2つで構成される。保管費用は海外で有価証券を保管する際に保管機関に対して支払う手数料で、監査費用はファンドの会計監査の実施によって発生する費用である。

③の解約時に求められるのは、信託財産留保額となる。投資家の解約に応じるには、株式や債券など運用資産の一部を売却し解約代金を準備する必要がある。その費用は解約代金から差し引くことで負担してもらうので、ファンドの財産に残る。投信会社などの懐に入る性質のものではない。

これらの各手数料は、「交付目論見書（投資信託説明書）」に記載されている。投資判断に必要な重要事項を説明する書類で、投信の商品名がわかっていれば未購入でもネットで確認できる。ただ購入時手数料については、先述したように定められているのは手数料率の上限。同一の投信であっても各販売会社がその範囲内で自由に決められるので、目論見書を見るだけでは判断がつかない。

購入時手数料を一覧比較

投信の販売各社は購入時手数料率をどの水準で設定しているのか。投資信託協会のウェブサイトにある「投信総合検索ライブラリー」を使うと簡単に調べられる。同ライブラリーで投信の個別名を入れて検索し、「販売会社」というタブをクリックすると一覧表示される。

三井住友トラスト・アセットマネジメントの「ＳＭＴ　新興国株式インデックス・オープン」を例に挙げると、販売会社は３０社ある。税抜きの購入時手数料率は上限の３・

00%からゼロ%（ノーロード）まで、「一物七価」になっていることが一覧できる。ゼロ%の販売会社は16社、2・00%の販売会社は6社あることもわかる。

各社の購入時手数料率が一目瞭然で確認できるので非常に便利な機能だ。購入したい投信があるときは、どの販売会社で買うのがお得なのか、このサイトでチェックしておこう。


一方で、購入時手数料と異なり運用時にかかる費用は、継続的なものとなる。この費用の大小が投信の運用利回りに大きな影響を及ぼす。とくに顕著となるのは、株価指数などの指標に連動した運用を目指す投信、いわゆるインデックスファンドの場合だ。次の事例で影響の度合いを見てみよう。

次の4つの投信は、すべて三菱UFJ国際投信が運用している。一般的に「新興国株式インデックスファンド」と呼ばれるもので、いずれも「MSCIエマージング・マーケット・インデックス」という新興国株式の動向を表す株価指数に連動することを目指す。この4つは同じ商品性を持つわけだが、その手数料は大きく異なる。

■ 同じコンセプトの商品でも手数料と信託報酬は異なる
—三菱UFJ国際投信が運用する新興国株式インデックス投信—

ファンド名	購入時手数料率	信託報酬率(税込み)	トータルリターン(1年)
eMAXIS Slim 新興国株式インデックス	0%	0.20%	0.60%
つみたて新興国株式	0%	0.37%	0.42%
eMAXIS 新興国株式インデックス	0%	0.65%	0.18%
新興国株式インデックスオープン	3.24%	1.08%	▲0.23%

(注)トータルリターンは2019年6月末時点。いずれもMSCIエマージング・マーケット・インデックスに連動した運用を目指す投信。信託報酬率は一部「その他費用」を含む。▲はマイナス
(出所)モーニングスターのサイトのデータを基に筆者作成

eMAXIS Slimより信託報酬率が高い分、トータルリターンが低い

まずは購入時手数料率。「新興国株式インデックスオープン」は3・24％（上限値）だが、ほかの3つはすべてゼロ％となっている。

次に信託報酬率を見てほしい。0・20〜1・08％とかなり開きがあることがわかるだろう。単純に割り算すれば5倍以上も異なるわけである。同じ商品性の商品なのにである。

これだけ信託報酬率に差があると、ファンドのパフォーマンスにはどのように影響が出るのだろうか。4つの中で信託報酬率が最も低い「eMAXIS Slim 新興国株式インデックス」の数字を基準にすると、デコボコはあるものの、eMAXIS Slim より信託報酬率が高い分だけ、その投信のトータルリターンは eMAXIS Slim より低くなっている。

同じ指数に連動するよう同じ会社が運用している投信であるから、信託報酬率の差が運用成果に直結するのは自明であろう。同じコンセプトのインデックスファンドであれば、こういった信託報酬など手数料の違いがダイレクトに運用利回りへ影響を与える。そのため手数料率を比較検討することが非常に重要なのである。

さらにさまざまな運用会社で提供されているインデックスファンドを比較してみよう。先ほどと同様の新興国株式インデックスファンドで、2018年1月から始まった「つみたてNISA」の対象になっており、運用年数が3年以上あるなどの条件を満たす投信に絞った。

つみたてNISAの対象となるには、信託報酬率が一定以下であるなど金融庁の定めた要件を満たす必要がある。同制度では少なくともインデックスファンドについては、相対的に良質の投信が選ばれていると考えてよいだろう。

つみたてNISA対象ファンドを検討するうえで有用なのが、株式投信情報を提供しているモーニングスターの「つみたてNISA対象ファンド一覧」というサイト。同サイトの機能を使い抽出したのが次の5本とそのコストだ。

■ 信託報酬だけでなく総コストもチェック

—新興国株で運用するつみたてNISA対象ファンドで運用年数3年以上の商品—

商品名	運用会社名	信託報酬率（税込み）	経費率	トータルリターン	
				1年	3年（年率）
たわらノーロード新興国株式	アセットマネジメントOne	0.37%	0.65%	▲0.06%	12.06%
eMAXIS 新興国株式インデックス	三菱UFJ国際投信	0.65%	0.83%	0.18%	12.10%
野村インデックスファンド・新興国株式	野村AM	0.65%	0.85%	0.11%	12.07%
SMT 新興国株式インデックス・オープン	三井住友トラスト・AM	0.65%	0.85%	0.13%	12.17%
三井住友・DC新興国株式インデックスファンド	三井住友DSAM	0.37%	1.30%	▲0.28%	10.84%

運用中にかかる総コストはいちばん高い

（注）つみたてNISA対象ファンドの中で「単一指数（株式型）、海外型、MSCI Emerging Markets Index」という検索条件に該当し、運用年数3年以上の商品。信託報酬率は一部「その他費用」を含む。トータルリターンは6月末時点、社名のAMはアセットマネジメントの略。▲はマイナス　（出所）モーニングスターのデータを基に筆者作成

信託報酬率も0・37〜0・65％と差が小さくないが、経費率になると0・65〜1・30％と2倍ほどの開きとなる。冒頭で述べた運用時にかかる費用を思い出してほしい。運用時には信託報酬以外にも売買委託手数料などの費用がかかると説明した。つまりこの経費率は、信託報酬以外の3つの実費分も考慮した、運用にかかる総コストなのである。

「三井住友・DC新興国株式インデックスファンド」が明らかなように、信託報酬率は低くても経費率が高い商品もある。インデックスファンドというと「やはり信託報酬が低いものを」と考えがちだが、実費分まで合わせた総コストを確認することが重要なのだ。

トータルリターン1年と同3年（年率）も見てみよう。1年のリターンは0・18〜マイナス0・28％と、0・46％ポイントも開きがある。3年のリターン（年率）は12・17〜10・84％。1年当たりだと最大1・33％ポイントも差がある。一見、この差を小さく感じる人もいるかもしれないが、10年、20年と長期で資産を形成していくうえではとても大きな差だ。

このように、同じ新興国株式のインデックスファンドといっても、手数料やリターンは大きく異なる。とくにインデックスファンドの場合、コストはパフォーマンスに直結する。投信はまさかの一物多価。商品選択は慎重に行う必要がある。

★これだけは気をつけよう

①継続的にかかる費用が運用利回りを左右する
②同じ投資信託でも購入時手数料は大違い
③信託報酬だけでなく「総コスト」に注目

横田健一（よこた・けんいち）
1976年生まれ。99年東京大学物理学科卒業、2001年同修士課程修了、野村証券入社。トレーディング、商品開発に従事。経営企画部を経て18年独立。

【ロボアド】自動で分散投資　便利だが過信は禁物

フィナンシャル・ウィズダム代表　山崎俊輔

金融とＩＴを融合させたフィンテックの代表的サービスとして紹介されるロボットアドバイザー。サービス提供会社は「お任せ」「全自動」をうたうが、その中身をしっかり理解しておこう。

投資初心者はロボアドを次のようなサービスだと想像しているのではないか。それは、値上がりが期待できる銘柄を分析・判断して安値のうちに買い、急落前には売り抜けてくれるなど、「投じた資金が元本割れしないようにＡＩ（人工知能）が自動で売ったり買ったりしてくれる」というものだ。

ところが、そのようにイメージするのは基本的に間違い、あるいは高望みである。

ロボアドがやってくれるのは、投資配分モデルの提案とその維持である。「元本割れ回避プログラム」ではない。そこを誤解すると、ロボアドそのものの意味を取り違えてしまい、適切な活用方法も見誤ることになる。

ロボアドは、異なる種類の資産に分散投資することで、投資比率に応じた期待リターンを獲得しつつ、リスクは投資比率に応じた割合より低く抑えることができるという分散投資理論を活用し、個人の資産配分をサポートする仕組みである。分散投資には、国内外のETF（上場投資信託）や投資信託を用いる。

理屈はそれほど難しくないが、効率的な投資配分を検討することは、個人にはなかなか難しい。投資対象の設定や投資対象のリスク・リターンの評価などには、運用会社や機関投資家でなければ入手しにくいデータが必要になるからだ。その点でロボアドは、そうしたデータを基に、顧客にとって理想的な投資配分を提示してくれる。

ところが、その投資配分には顧客自身の意向が強く反映される。ロボアド提供会社のウェブサイトにあるシミュレーターで質問されるのは、自身の投資に対する考え方や経験などだ。これは顧客の投資スタンスが自身のリスク許容度を決定づけ、それが顧客にとって好ましい投資配分割合を決定するという考え方に基づいている。

ロボアドは「助言しない」

数社のシミュレーターを試すと、いずれでも似たり寄ったりの内容を提示されることがある。なぜなら、分散投資理論に基づく理想的な投資配分割合を決定づける最終要因は、「自分自身」であってロボアドではないからだ。

「あなたはこう回答するがリスクをもっと取ってもいい」とか、「あなたはこう回答したがリスクの取りすぎだから控えておけ」と助言してくれるわけではない。

コストという観点ではどう評価できるだろうか。運用中に継続的にかかるコストとしては、まずロボアドの投資一任契約にかかる報酬がある。預かり資産残高の1・0％（年率）を徴収する会社が少なくない。

■ ベンチャーから大手証券会社までがサービスを展開
—主なロボットアドバイザーサービス—

サービス名	提供事業者	年間の投資一任コスト	主な運用対象や特徴
MSV LIFE	マネックス・セゾン・バンガード投資顧問	0.64%	国内外のETF。提供するポートフォリオはリスク許容度別に8パターン
楽ラップ	楽天証券	0.70%	国内のインデックス投信。提供するポートフォリオはリスク許容度別に9パターン
THEO《テオ》	お金のデザイン	0.70%	海外ETF。インカム重視やグロースなどの機能を組み合わせてポートフォリオ構築
クロエ	エイト証券	0.88%	東京証券取引所上場のETF。提供するポートフォリオはリスク許容度別に3パターン
WealthNavi	ウェルスナビ	1.00%	海外ETF。提供するポートフォリオはリスク許容度別に5パターン
LINEスマート投資（ワンコイン投資）	FOLIO	1.00%	海外ETF。LINE Financial社がLINEアプリを通じてFOLIOとの投資一任契約を媒介
ダイワファンドラップオンライン	大和証券	1.00%	大和証券の専用インデックス投信

（注）コストは運用資産の時価評価額が500万円の場合で小数第3位以下は切り捨て。楽ラップは「固定報酬型」のコスト。楽ラップとMSV LIFEの投信一任コストは税込み、それ以外は税抜き。LINEスマート投資のコストは1.00%もしくは月額100円の高いほうになるが2020年4月まで無料　（出所）各社HP

加えて、国内外のETFや投信での運用においても費用が発生する。同費用については、ウェブサイトに記載していないサービスもあるが、「MSV LIFE」など明示しているサービスもある。それらを鑑みると、運用中にかかるコストは全体で年1・0～1・3％くらいと考えておくといい。

一方、投資配分の割合を自分なりに決めることができる人は、1つのバランス型ファンド（複数の資産に分散投資する投信）を直接購入すれば、標準的な運用コストを年0・1～0・2％にまで引き下げることが可能だ。ロボアドのシミュレーションが示した割合に近いバランス型ファンドを選んで購入することもできる。

かつては1つの投信で国内外に分散投資しようとすれば、年2・0％以上のコストがかかることも珍しくなかった。そのためロボアドは、低コストで分散投資を行う選択肢となりえた。ところが金融庁が2018年1月開始の「つみたてNISA」を通じ、運用コストの低廉な投信の設定を民間に促したことで、逆転現象が起きてしまった。

つみたてNISAでの運用対象となる「投資先を内外・海外とするインデックス投

信」は、年0・75%を信託報酬率（運用管理費用）の上限としている。これを受けて各社の価格競争が加速し、平均0・34%まで信託報酬率は低下することとなった。競争の先頭を走る投信だと年0・1%台に到達している。

年1%ポイントのコスト差は大きい。毎月1万円を30年積み立てたとしよう。運用コストを除いた実質的な利回りが年4%だったとすれば、元本360万円に対し受取額は694万円。だが運用コストが年1%ポイント高ければ、受取額は583万円にダウンする。差額は110万円にもなる。

ロボアドの目指す方向性は間違っていない。投資家層の裾野が広がることは重要だ。運用方法として分散投資を行うことはさらに重要である。それが本人の取りうるリスク度合いに応じたものであるべきことも間違いない。投資初心者にとってのハードルを下げる効果もあるだろう。

ただ、唯一残念なのはコストが割高になってしまったことだ。投資への理解が一定程度ある人にとってはシミュレーターの活用以外に意義はない。それほどまでにコスト差のデメリットは大きい。

一方、投資への理解が浅い人のためのスタートツールとしてはどうか。実のところ米国のロボアドの平均的な運用コストは、日本より低い。米国のビジネスモデルを日本で事業展開している各社がそれを知らないはずがない。割高であると承知のうえで、投資初心者にはわかるまいと据え置いているようにみえる。ロボアドが普及し始めている今こそ、手数料の引き下げに踏み切る時期ではないか。

★これだけは気をつけよう

① やってくれるのは投資配分の提案・維持
② 運用中にかかるコストは年1・0〜1・3%
③ 投信の低コスト化でロボアドは今や割高に

山崎俊輔（やまさき・しゅんすけ）
1972年生まれ。AFP、1級DCプランナー、消費生活アドバイザー。退職金・企業年金制度と投資教育が専門。著書に『共働き夫婦　お金の教科書』など。

【誌上座談会】　顧客本位とノルマで板挟み

銀行・証券　リテール営業の理想と現実

低金利下で金融機関の収益は厳しい。個人向け営業ではどんなプレッシャーがあるのか。保険や投信販売での苦情は後を絶たない。金融機関の販売対応に改善は見られないことを金融庁長官も問題視する。個人向け営業に携わる人たちはどのように考えているのか。地方銀行、証券会社、メガバンクに勤める若手社員に話を聞いた。（個別取材を基に座談会形式で構成）

――かんぽ生命の問題もあり、ノルマに注目が集まっています。

【地方銀行】うちでは6カ月ごとにノルマが設定される。自分が今背負っているのは、預かり資産（投信・保険など）で販売額2億円。加えて、手数料収益で半年600万円というノルマも課されているから、手数料率の低い金融商品は売りづらい。地方では販売額目標の達成ですら難しいのに……。

【メガバンク】個人的には、そこまでノルマの圧力を感じてはいない。メガバンクは今、何か問題が起きれば、すぐに金融庁の検査が入るので、経営側も現場に過度なプレッシャーをかけられないのではないか。

いちばん圧力が強かったのは、アベノミクスが始まった2013年ごろ。マーケットが上昇基調のときは、会社として「売りどき」と見ていたようで、商品1つひとつに目標数字があった。

【大手証券】以前は支店に大きなホワイトボードがあって、目標数字を達成したらそれを消していく「消し込み」といわれる仕組みがあった。今はそれがなくなった。

プレッシャーもあったが、数字を消すと上司に褒められ、消し込みは若手のモチベーションにもつながっていた。

――これまでの営業の中で顧客本位の売り方ではないと感じることはありましたか。

【メガバンク】目標を達成するためには、手数料が高い投信や保険を売らなければいけなかった。顧客のためか、銀行のためか、つねに選択を迫られた。まじめな人はそうした商品を顧客に勧められず、数年で銀行を辞めていった。

【地方銀行】今でもノルマの設定が重く、「お願い営業」をしなければとうていい達成できない。銀行としては表向き顧客本位をうたいながらも、営業の際は手数料が取れる商品から提案する。自分としても数字が欲しいので致し方ない。

詐欺じゃないかと……

――顧客基盤を持たない若手社員は、お客さんとのつながりをどう作っていくのですか。

【大手証券】営業の仕方は今も昔も変わらず飛び込み営業。上司からは「見えるインターホンはすべて押してこい」と言われる。訪問先では、「今どきこんなことしてるやつがいるのか」と驚かれたり、「詐欺じゃないのか」と不審に思われたりする。
【地方銀行】アプローチするのは既存のお客さんか、おじいちゃん、おばあちゃん。働いている人は日中に会えないので夜間に電話。社内の顧客リストを使って順番に訪問するだけでなく、時には飛び込み営業もする。

高齢者には手書きのお手紙が効果的。まず相手と仲良くなることが大事で、打ち解けたら相続の話をして商品を提案する。
【大手証券】出す前に上司の確認を取らないといけないが、手書きの手紙はしょっちゅう。使うのは一筆箋。高齢のオーナー経営者に出すと反応がよい。新人のときはとにかく手紙を書いた。

――投信の「回転売買」を問題視するなど、近年、金融庁が監視の目を強めています。営業現場での変化はありますか。

【大手証券】経営側が目標数値を下ろしてこなくなり、昔に比べて営業担当の裁量も大きくなった。回転売買については、1100日以内の売却に課長以上の許可が必要で、抑制されていると思う。賞与の基準には顧客満足度が重視されるようになった。

【地方銀行】定期的に販売方針に関する通達や研修はあるが、あくまで注意喚起のみ。営業について具体的に制限があるわけではない。形式上、販売後のアンケートで顧客本位の営業だったかを聞いているが、特段意味はないと思う。

【メガバンク】現在は、収益よりも顧客資産をどれだけ増やせたかが評価の軸になっている。回転売買による問題（顧客とのトラブルなど）は起こりにくいのではないか。

推奨は外貨建て保険

――近年、注力している金融商品は何ですか？

【地方銀行】お客さんには、外貨建ての保険商品を一番に説明する。保険がダメなら、仕組み債、外国債券の順番。保険だと長期間お金が動かないので、安定して多くの手数料が入る。個人営業部門の顧客だけでなく、住宅ローンの専門部署にも顧客の保険をチェックしてもらい、乗り換えを勧めている。

【メガバンク】注力しているわけではないが、外貨建て保険は売れているから、若手行員はそればかり売ろうとする。投信などはグループの証券会社の担当者に丸投げするケースが多い。

今の市場環境で利回りなどのメリットを示そうとすると消去法的に外貨建てになる。ほかに伸ばしているのは外貨預金。これは銀行としての外貨調達のためで、顧客本位ではないかもしれない。

【大手証券】強力な収益源は仕組み債。早期償還のかかるものが多く、リピーターも多い。いわゆる「動く客」を獲得できる。回転売買の規制以降、注力していたラップ口座は、営業方法がまずかったことを反省して見直しを進めている。

【地方銀行】地方銀行は事業環境が厳しい。住宅ローンなどは流通系やネット系がかなり低い利率を出してくる。預かり資産もネット証券などでやる人がほとんどだ。新規顧客を開拓しようにも、移り住んでくる人もいない。そうするとどうしても既存のお客さん狙いになる。

正直、購入時の手数料を取りたいがためのロール(回転売買)のケースは多い。飲み会の場で「今月はいくら回転させた」と武勇伝のように語るベテランもいる。

【メガバンク】回転売買には売り方だけでなく、商品組成の問題もあると思う。次々に類似の新商品が出てくるからだ。純資産が増えない以前の商品は、売れにくいし、顧客も不安。目新しく、資金の集まる新商品のほうが売れやすい。投信の商品組成そのものから変わる必要があるのではないか。

顧客本位で考えても、今は「売れる商品」「売りたい商品」がない。市場環境がよくなったとき、どのように営業するかが重要になる。

【地方銀行】地銀としては、まだ迷走が続くのではないか。手数料で稼ぐのか、それとも、これまでどおり貸し出しで稼ぐのか。経営陣もまだ揺れ続けているように見える。

（構成・藤原宏成）

【週刊東洋経済】

本書は、東洋経済新報社『週刊東洋経済』2019年8月31日号ほかより抜粋、加筆修正のうえ制作しています。この記事が完全収録された底本をはじめ、雑誌バックナンバーは小社ホームページからもお求めいただけます。

小社では、『週刊東洋経済eビジネス新書』シリーズをはじめ、このほかにも多数の電子書籍ラインナップをそろえております。ぜひストアにて「東洋経済」で検索してみてください。

『週刊東洋経済eビジネス新書』シリーズ

No.296　病院が消える
No.297　最強の通勤電車
No.298　地方反撃
No.299　東証1部　上場基準厳格化の衝撃
No.300　狂乱キャッシュレス

週刊東洋経済eビジネス新書　No.326
かんぽの闇　保険・投信の落とし穴

【本誌（底本）】
編集局　山田雄一郎、緒方欽一、梅垣勇人、藤原宏成、井下健悟
デザイン　山根佐保
進行管理　宮澤由美
発行日　2019年8月31日

【電子版】
編集制作　塚田由紀夫、長谷川　隆
デザイン　大村善久
制作協力　丸井工文社
発行日　2020年2月25日　Ver.1

発行所　〒１０３-８３４５
東京都中央区日本橋本石町１-２-１
東洋経済新報社
電話　東洋経済コールセンター
０３（６３８６）１０４０
https://toyokeizai.net/

発行人　駒橋憲一

電子書籍化に際しては、仕様上の都合などにより適宜編集を加えています。登場人物に関する情報、価格、為替レートなどは、特に記載のない限り底本編集当時のものです。一部の漢字を簡易慣用字体やかなで表記している場合があります。本書は縦書きでレイアウトしています。ご覧になる機種により表示に差が生じることがあります。

本書に掲載している記事、写真、図表、データ等は、著作権法や不正競争防止法をはじめとする各種法律で保護されています。当社の許諾を得ることなく、本誌の全部または一部を、複製、翻案、公衆送信する等の利用はできません。

もしこれらに違反した場合、たとえそれが軽微な利用であったとしても、当社の利益を不当に害する行為として損害賠償その他の法的措置を講ずることがありますのでご注意ください。本誌の利用をご希望の場合は、事前に当社（TEL：03－6386－1040もしくは当社ホームページの「転載申請入力フォーム」）までお問い合わせください。

※本刊行物は、電子書籍版に基づいてプリントオンデマンド版として作成されたものです。